생각을 발견하는 **토론학교**

철학

생각을
발견하는
토론학교

철학

최훈 · 박의준 지음

우리학교

토론학교에 오신 것을 환영합니다

준비물은 잘 챙겨 오셨나요?

시계와 연필, 메모지, 그리고 꼭 이기겠다는 마음을 가져왔다고요?

그런데 가장 중요한 것이 빠져 있네요. 바로 '여러분의 입장'입니다.

토론은 세상에 던져진 커다란 질문에 답하는 과정입니다.

무엇이 옳고 그른지 질문을 던지고, 그 타당성을 따져 가는 과정입니다.

어디선가 들었던 말, 막연하게 알고 있던 생각만으론 어렵습니다.

참고서의 정답과 해설을 외우는 것도 별 도움이 되지 않습니다.

내 생각이 맞을까 틀릴까 걱정하지 마세요.

다른 사람이 어떻게 생각하나 눈치 보지 마세요.

여기 토론학교의 안내를 따라 찬성의 숲과 반대의 숲을 통과한 다음

스스로의 힘으로 결론을 내려 나만의 입장을 찾아봅시다.

내가 생각하는 사람다움은 어떤 것일까?

내가 생각하는 좋은 세상이란 어떤 모습일까?

그리고 내가 찾아낸 내 입장이 이런 내 생각과 꼭 맞아떨어지는가?

내 입장이 정해지면 다른 사람의 입장도 이해할 수 있습니다.

자기 생각이 없을 때 우리는 무조건 방어하고 공격하게 됩니다.

논리적으로 내 입장을 세울 수 있게 되면

다른 사람의 생각에도 진심으로 공감할 수 있습니다.

이기려고만 하는 토론, 갈등의 골이 더 깊어지는 토론이 아니라
상대를 배려하고 존중하는 토론, 문제를 함께 해결해 나가는 토론이 시작됩니다.

토론을 통해 우리는
다른 사람들의 의견도 만나고 새로운 사실도 깨닫게 될 것입니다.
내가 몰랐던 다른 생각과 세상의 모습에
자꾸만 더 새로운 질문이 쏟아져 나올 것입니다.

그동안 가만히 듣고, 조용히 읽고, 묵묵히 받아쓰기만 했다면
이제 토론학교에서 내 힘으로 생각하는 법,
내 목소리로 말하는 방법을 배워 봅시다.
정답을 찾는 공부가 아니라 질문을 던지는 공부를 시작합시다.

틀려도 괜찮습니다.
여러분의 생각을 당당하게 말해 보세요.

인간은 생각하는 동물이라고 합니다. 인간도 동물의 일종이지만 생각을 한다는 점에서 다르다는 것이죠. 만약 그렇다면 생각을 많이 하면 할수록, 또 생각을 잘 하면 잘 할수록 훨씬 더 인간적이 되지 않을까요? 철학은 바로 그런 생각을 도와줍니다. 그리고 이 책은 그런 생각을 발견하도록 도와줍니다.

물론 철학 공부를 해야만 생각을 잘 하게 되는 것은 아닙니다. 모든 학문이 생각을 하도록 도와주고 꼭 학문이 아니더라도 생각을 잘 할 수 있는 방법도 있으니까요. 그런데 왜 유독 철학이 생각을 잘 하도록 도와준다고 말하는 것일까요? 그것은 철학이 다루는 대상이 추상적이기 때문입니다. 철학 이외의 다른 학문은 일단 다루는 대상이 우리가 직접 경험할 수 있는 것들입니다. 과학은 지진과 같은 과학 현상을 다루고 경제학은 금융과 같은 경제 현상을 다룹니다. 물론 그 현상을 다루는 방법론은 아주 추상적이지만 그 대상은 우리가 경험할 수 있는 것들입니다. 그러나 철학이 다루는 대상은 뭘까요? 철학 현상? 그게 뭐죠?

철학이 다루는 주제들이 무엇인지는 이 책을 보면 알 수 있습니다. 어떤 일의 옳고 그름, 이기심과 이타심, 아름다움과 추함, 자유의지나 신의 존재와 같은 철학적 문제들은 우리들의 눈과 귀로 직접 경험할 수 있는 것들이 아니라 오로지 생각으로만 접근할 수 있는 주제들입니다. 다른 학문은 감각 경험의 도움을 조금이라도 받을 수 있지만 철학은 오로지 생각만으로 해야 하는 공부라는 말이지요. 그만큼 어렵기도 하지만 그 대신 끝까지 물고 늘어지는 생각 연습을 정말 많이 할 수 있습니다. 생각으로만 생각을 열어 가야 하니 얼마나 생각을 많이 하겠어요? 그런데 이런 철학적 생각 연습을 많이 하게 되면 여러분의 삶을 결정해야 하는 순간, 진짜 생각이 필요한 바로 그 순간을 만났을 때 정말로 커다란 도움이 됩니다. 마치 운동선수가 평소에 무거운 모래주머니를 차고 연습하다가 실전에서 모래주머니를 벗고서 날아갈 듯 달리는 것처럼 말입니다. 철학은 생각 연습을 시키는 모래주머니 같은 것입니다.

그렇다고 해서 철학이 생각 연습만 시켜 주는 학문은 아닙니다. 이기주의가 꼭 나쁠까? 다수를 위해 소수를 희생하는 것이 과연 옳을까? 어떻게 나누어야 정의로울까? 생각하는 컴퓨터가 등장하게 될까? 내가 지금 숨을 쉬며 살아가는 이 세계가 혹시 가짜는 아닐까? 이 책에서 묻고 있는 철학적 물음들은 우리 개개인의 삶에서도 중요하지만 우리 사회에서도 꼭 물어야 하는 근본적인 물음들입니다. 다만 우리가 모르는 사이에도 공기가 우리 삶을 감싸듯 철학적 물음의 중요성과 필요성을 우리가 잘 느끼지 못할 뿐이지요. 철학은 나를 살아 있게 하고 우리 밖의 세상과 통할 수 있도록 숨길을 열어 주는 학문입니다.

이 책은 철학의 주요 주제들을 찬반 토론 형식으로 꾸몄습니다. 다른 토론거리들도 그렇지만 이 주제들도 원래는 찬성과 반대 두 입장뿐만 아니라 제3의 다양한 견해들이 있는 쟁점들입니다. 여러분의 생각 연습을 위해 의도적으로 양쪽으로 편 나누기한 점도 없잖아 있습니다. 찬반 각 주장들의 견해를 확실히 이해한 다음, 여러분 스스로 제3의 견해를 만들어 보는 것도 좋은 생각 연습이 될 것입니다. 그것이야말로 스스로 '생각을 발견하는' 길이지요. 처음 길을 만드는 과정은 힘이 들겠지만 한번 길이 나면 그다음은 바퀴처럼 저절로 굴러가는 게 생각입니다. 여러분이 이 책을 통해 자신만의 생각의 집으로 가는 길을 발견하기를 바랍니다.

2011년 늦봄
최훈, 박의준

차례

1 아름다움

그래,

아름다움은

주관적 취향이야

아니야,

아름다움은

객관적 사실이야

● 아름다움에 대한 판단은 사람들마다 다릅니다. 발레 〈백조의 호수〉를 보면서 어떤 사람은 아름다운 춤과 음악에 감동을 받지만, 어떤 사람은 공연 내내 하품만 하다 졸기도 합니다. 아름다움은 시대에 따라, 지역에 따라, 연령에 따라, 성별에 따라, 그리고 무엇보다도 개인에 따라 다르게 받아들여집니다. 이런 이유로 사람들은 흔히 아름다움은 주관적인 것이라고 생각합니다. 그러나 다르게 생각하는 사람들도 있습니다. 아름다움에 대한 판단이 사람들마다 다른 까닭은 아름다움을 감상하는 능력이 사람들마다 다르기 때문일 뿐, 아름다움은 객관적이라고 보는 것이죠. 조선 정조 때 문필가였던 유한준은 "사랑하면 알게 되고 알게 되면 보이나니, 그때 보이는 것은 전과 같지 않으리라."라는 말을 남겼습니다. 제대로 감상하지 못하는 이유는 제대로 알지 못하기 때문이라는 것입니다. 아름다움이 객관적이라고 주장하는 사람들에 따르면 문제는 〈백조의 호수〉에 있는 것이 아니라 그 공연을 보면서 조는 사람에게 있습니다.

● 머리 큰 신상

　　그리스인들은 신전에 거대한 신상을 모셨다. 큰 신상은 키가 10미터도 넘었다. 신전 안으로 들어간 사람은 고개를 들어 신상을 올려다봐야 했다. 신상이 너무 크기 때문에 위와 아래를 바라보는 시선의 길이는 서로 다를 수밖에 없다. 평범한 사람의 눈에 신상의 발은 가깝지만 신상의 머리는 멀기 때문이다. 만약 정상적인 인체 비례에 따라 신상을 만들어 세운다면 머리가 너무 작아 보일 것이다. 그래서 그리스인들은 일부러 신상의 머리를 크게 만들었다. 그래야 신상이 정상적으로 보이기 때문이다. 반면 이집트인들은 관찰자의 위치에 따른 길이 변화는 무시했다고 한다. 이집트 조각상의 비례는 실제 인체 비례와 거의 맞아떨어진다. 따라서 조각상 자체만 놓고 판단하면, 비례를 왜곡하지 않은 쪽이 이집트인들이다.

아름다움의 기준이 우리 몸 각 부분들의 비례를 사실적으로 표현하는 데 있다고 가정해 보자. 이집트의 상이 아름다울까, 그리스의 상이 아름다울까? 실제로 아름다운 것이 중요할까, 아니면 우리 눈에 아름다운 것이 중요할까? 우리는 멀리 떨어져 있어 작게 보이는 것이 실제로 작은 것은 아니라는 사실을 잘 알고 있다. 그런데도 그리스인들처럼 과잉 친절을 베풀 필요가 있을까? 아름다움이란 그 대상이 본래 가지고 있는 성질이라고 보는 사람들에게는 그리스의 머리 큰 신상과 이집트의 조각상 중 어느 것이 더 아름다울까? 아름다움이란 그 대상이 우리에게 일으키는 즐거움의 감정이라고 생각하는 사람들은 그리스와 이집트의 두 조각상 중 어떤 것이 더 아름답다고 말할까?

고대 그리스의 철학자 플라톤은 "항상, 그리고 본래부터 아름다운 사물들이 존재한다."라고 말했습니다. 반면 근대 영국의 철학자 흄은 "사물의 미는 그 사물을 관조하는 마음속에 있다."라고 주장했지요. 우리가 어떤 꽃을 보고 '아름답다'고 말할 때, 아름다움은 그 꽃이 본래 가지고 있는 성질일까요, 아니면 우리 마음속에 일어나는 즐거움의 감정일까요? 이어지는 글을 읽고 아름다움에 대해 생각해 봅시다.

● 막사발

조선 시대 도자기 중 청자, 백자 말고 막사발이란 것이 있다. 막 만들었다고 해서 이름도 막사발인데다 생김새도 삐뚤삐뚤하고 거칠었다. 조선의 이름 없는 도공들이 만들고 조선 민중들이 일상생활에서 사용한 까닭에 막사발을 아름답다고 생각하는 사람은 없었다. 그런데 임진왜란을 거치면서 막사발이 일본에 전해졌다. 일본인들은 막사발에 반했다. 투박해서 오히려 질리지 않는, 더없이 아름다운 명품이라고 아주 난리도 아니었다. 일본에서 막사발의 인기는 날로 치솟았다. 막사발에 차를 마신 일본인들은 "이 그릇을 집과도 바꾸지 않겠다."라고 말했고, 막사발에 감동한 일본 도공들은 "이런 그릇을 일생에 하나라도 만들면 여한이 없겠다."라고 말했다. 일본 막부의 우두머리인 다이묘들은 유독 막사발을 사랑해, 아끼는 부하들에게 막사발을 하사했다. 잘못을 저지른 이가 윗사람에게 막사발을 헌상해 목숨을 건지는 일도 있었다. 막사발이 일본에서 국보급 대접을 받는다는 소식이 알려지자, 우리나라에서도 막사발이 아름답다고 말하는 사람들이 나타나기 시작했다. 말만 그렇게 하는 게 아니라 실제로 아름답다고 생각하는 사람들도 점점 더 많아졌다. 막사발은 언제부터 그렇게 아름다웠을까? 원래부터 아름다웠을까, 아니면 일본인들이 보고 나서야 비로소 아름답게 되었을까? 아름답게 보는 사람이 있어야 아름다울 수 있을까? 아니면 아름답게 보는 사람이 없어도 아름다울 수 있을까?

그래,
아름다움은
주관적 취향이야

개인의 취향

미美, 즉 아름다움에 대한 판단[*]이 주관적이라는 것은 너무나 명백합니다. 굳이 복잡한 논증을 끌어들일 필요도 없습니다. 구체적인 사례들을 살펴보는 것만으로도 충분합니다. 여러분이 잘 아는 아이돌 그룹을 떠올려 봅시다. 그들이 아름답나요? 아, 질문이 좀 애매하군요. 음악이 아니라 구성원들이 아름답냐고 묻는 중입니다. 성격 말고 외모가요. 우리는 여기서 내면의 아름다움은 다루지 않습니다. 형태와 색채, 그리고 소리 등 겉으로 드러나는 아름다움에 대해서만 이야기할 거예요. 질문으로 다시 돌아갈까요? 대부분의 사람들이 그들의 외모가 아름답다고 하겠지요. 그러나 그렇지 않다고 하는 사람들도 있습니다. 어떤 사람들은 요즘 인기를 얻는 아이돌 그룹은 너무 말라서 싫다고 합니다. 누구나 다 아이돌 그룹의 스타들이 아

1962년 미스코리아 선발 대회 사진과 2009년 아이돌 그룹 소녀시대의 사진은 시대와 사람에 따라 아름다움에 대한 기준이 다르다는 사실을 보여 준다.

름답다고 하는 것은 아닙니다. 아이돌 그룹의 멤버 하나하나에 대한 선호도 역시 사람마다 다릅니다. 만약 그들 중 누가 더 예쁜가를 놓고 팬들이 논쟁을 벌인다고 생각해 보세요. 결론이 날까요? 합리적인 대화 자체가 불가능합니다. 아름다움은 이성이 아니라 감성의 영역에 속하기 때문입니다. 결국 아름다움은 취향의 문제입니다.

■ 에피카르모스
Epicharmos
BC 530?~BC 440, 고대 그리스의 철학자, 극작가. 시칠리아 섬에서 활약하며 세련된 대사로 이루어진 희극을 만들었으며 "이성이 열정보다 앞서야 한다."라는 말을 남겼다.

■ 전국시대
기원전 403년부터 기원전 221년까지 약 200년간의 과도기. 여러 제후국이 패권을 다투었던 어지러운 시기로 '전국 칠웅'이라는 일곱 개의 제후국이 세력을 다투었다. 진나라가 중국을 통일하면서 전국시대는 막을 내렸다.

이런 이치는 이미 옛사람들도 알고 있었습니다. 고대 그리스의 철학자 에피카르모스■는 "개는 개를 가장 아름답다고 여긴다. 마찬가지로 소는 소를, 당나귀는 당나귀를, 돼지는 돼지를 가장 아름답게 여긴다."라고 했고, 동양 고전인 『장자』에도 유사한 내용이 나옵니다. "남자들은 모두 모장이나 여희를 아름답다고 하지만, 물고기는 보자마자 물속 깊이 들어가 숨고, 새는 보자마자 높이 날아가 버리고, 사슴은 보자마자 급히 도망가 버린다. 이 중에서 어느 쪽이 아름다움을 바르게 안다고 하겠는가?"

모장과 여희는 중국 전국시대■를 대표하는 미녀입니다. 그런데 정말로 모든 남자들이 모장과 여희가 아름답다고 생각할까요? 동시대에 살던 서양 남자들이 모장과 여희를 보면 어떨까요? 또 오늘날의 남자들이 이들을 본다면 어떨까요? 장자가 틀렸다고 말할 가능성이 높습니다. 시대나 지역이 다르면 사람들의 심미안도 달라지기 마련이니까요. 예컨대 요즘 서양인들은 쌍꺼풀 없이 찢어진 눈, 낮은 코, 돌출된 광대뼈를 가진 동양 여자에게서 매력을 느낀다고 합니다. 우리와는 보는 눈이 좀 다르지요?

전국시대의 중국 남자들이라 해도 마찬가지입니다. 그들의 의견이 만장일치에 이를 확률보다는 여러분이 로또에 당첨될 확률이 높지 않을까요? 장자의 말은 남자들의 취향이 대체로 그렇다는 의미로 이해해야 합니다. 성별, 나이, 지역, 시대에 따른 취향보다도 더 중요한 건 결국 개인의 취향입니다. 아이돌 그룹의 열혈 팬이라면 그들의 노래가 모차르트 오페라의 아리아보다 더 아름다울 수 있습니다. 클래식 음악 애호가라면 그 사람을 무식하다고 할 수도 있겠지요. 하지만 그 사람의 귀에는 정말로 아이돌 그룹의 노래가 더 아름답게 들립니다. 남들이 아무리 뭐라 그래 봐야 소용없는 일입니다.

제 눈에 안경

그런데 왜 아이돌 그룹의 노래가 아름다운지 설명하기는 어렵습니다. 설명을 한다고 해 봐야 결국 "아름다우니까 아름답지."로 끝날 것입니다. 입맛의 경우도 마찬가지죠. 드라마 〈대장금〉에 나오는 어린 장금의 말을 조금 바꿔 보겠습니다. "홍시를 씹을 때마다 좋은 맛이 났는데, 어찌 홍시를 좋아하느냐 하시면 그냥 홍시가 맛있어서 홍시를 좋아한다 한 것이온데……." 라틴어 속담에도 "데 구스티부스 논 에스트 디스푸탄둠 De gustibus non est disputandum"이라는 말이 있는데 "입맛은 변론할 것이 못 된다." 혹은 "취향은 논박의 대상이 아니다."라고 번역할 수 있습니다. 한마디로 '제 눈에 안경'이라는 거죠. 이것이 미적 주관주의의 핵심입니다. 주관주의자들은 편의상 "X는 아름답다."라고 쓰지만, "X는 나에게 '아름다움'이라고 불리는 감정을 일으킨다."라고 읽습니다. 따라서 정확히 말하자면, 아름다운 대상, 즉 아름다움이라는 성질을 지닌 대상은 없습니다. 아름다움은 우리의 눈과 귀가 느끼는 쾌감 이외에는 아무것도 아닌 것입니다.

그렇기 때문에 아름답지 않던 것이 어느 날 갑자기 아름다워질 수도 있습니다. 물론 그 역도 가능합니다. 두 남녀를 생각해 봅시다. 삼식이와 삼순이라고 할까요? 둘은 같은 동네에 살고 같은 학교를 다녔지요. 삼순이는 어느날 갑자기 삼식이가 좋아집니다. 자꾸 삼식이 얼굴이 떠오릅니다. 혼자 생각을 합니다. '삼식이는 언제부터 그렇게 예뻤을까?' 언제부터 예쁘긴요, 좋아진 그 순간부터죠. 알고 지낸 지 10년이 넘었지만, 그 전까지는 내내 밉상이었거든요. 그렇지만 10년 전이나 지금이나 삼식이는 여전히 삼식이입니다. 그동안

"아름다움은 사물 그 자체의 성질이 아니다. 아름다움은 오로지 사물을 응시하는 사람의 머릿속에만 존재할 뿐이며, 모든 정신은 아름다움을 서로 다르게 지각한다." —데이비드 흄, 『취미 기준론』에서

■ 데이비드 흄, David Hume
1711~1776, 18세기 영국
경험론을 대표하는 철학
자. 근대과학의 방법론을
수용해 이를 지적 토대로
삼음. 저서에 『인간 본성에
관한 논고』 등이 있다.

■ 블레즈 파스칼
Blaise Pascal
1623~1662, 프랑스의 수
학자, 철학자. '파스칼의 원
리' 등 자연과학에 탁월한
성과를 남겼고 인간과 신
에 대한 사색에 몰두했다.
저서에 『팡세』 등이 있다.

■ 바뤼흐 스피노자
Baruch de Spinoza
1632~1677, 네덜란드의
철학자. 신은 곧 자연이라
는 범신론을 주장하며 전
통 교리에 대항해 파문 당
한 후 렌즈 깎는 일로 생
계를 유지하며 자유롭게
사유하고 저술하는 데 일
생을 바침. 저서에 『에티
카』 등이 있다.

■ 토머스 홉스
Thomas Hobbes
1588~1679, 영국의 철학
자, 17세기의 대표적 정치
철학자. 성악설을 전제로
사회계약론을 주장. 저서에
『리바이어던』 등이 있다.

외모가 조금 변하긴 했지만요. 그러므로 아름다움이 삼식이에게 있는 것이 아니라 삼순이의 마음속에 있다는 사실은 명백합니다. 그런데 삼식이의 옛 여자 친구 희진이가 나타났습니다. 삼순이는 갑자기 삼식이가 미워집니다. 콩깍지가 벗겨지는 순간입니다. 삼식이의 얼굴은 이제 더 이상 아름답지 않습니다. 다시 밉상입니다.

이렇게 아름다움은 대상을 바라보는 사람의 감정에 좌우된다는 주관주의는 근대 이후 지배적인 이론이 되었습니다. 대표적인 사상가는 흄▪이지만 흄 이전에도 여러 사람이 있었습니다. 파스칼▪은 우리가 아름답다고 여기는 것이 유행에 따라 바뀐다고 했습니다. 그렇죠. 얼굴이 예쁘장한 꽃미남이 아름답다는 소리를 듣던 시절이 있었는데 언젠가부터 탄탄한 복근을 가진 남자가 아름답다는 소리를 듣는 것을 생각해 보세요. 스피노자▪는 만약 우리가 지금과 다르다면 추한 것을 아름답게, 아름다운 것을 추하게 볼지도 모른다고 말했고, 홉스▪는 우리가 아름답다고 여기는 것이 교육, 경험, 기억, 상상력에 의해 좌우된다고 말했습니다. 오늘날에는 특히 TV, 인터넷 등 미디어의 영향이 크지요.

아름다움의 본질은 없다

마지막으로 아름다움에 대한 현대 미학의 입장을 한 가지만 더 살펴볼까요? 그것은 바로 아름다움의 본질은 없다는 입장입니다. 이 입장은 그 자체가 주관주의는 아니지만, 객관주의를 논박하는 근거로 사용될 수 있습니다.

'본질'이란 말이 좀 어렵지요? 같은 이름으로 불리는 것들 모두에게 공통된 속성을 '본질'이라 합니다. 예를 들어 볼게요. "인간은 이

라파엘로 산치오, 〈미의 세 여신〉, 1504~1505

프란시스 피카비아, 〈미의 세 여신〉, 1924~1927

성적 동물이다."라는 정의가 있습니다. 이 정의가 제대로 된 것이라
면 인간의 본질은 '이성적임'입니다. 즉 인간은 누구나 이성을 갖고
있는 반면, 인간이 아닌 존재는 그 어떤 것도 이성을 갖고 있지 않다
는 것이죠. 플라톤은 본질이 있다고 주장합니다. 본질이 없다면 선
생님, 친구들, 부모님 등 우리가 아는 사람들을 '인간'이라는 같은
이름으로 부를 수조차 없게 된다는 이유에서입니다.

　　그러나 비트겐슈타인*은 생각이 다릅니다. 그는 '게임'을 예로 듭
니다. 누군가가 "게임은 경쟁하는 시합이다."라고 정의했다고 합시
다. 이 정의가 적절할까요? 참가자들이 경쟁하는 게임이 많긴 합니
다. 그러나 꼭 그런 것은 아닙니다. 혼자서 하는 카드놀이는 게임이
긴 하나 경쟁하는 시합은 아닙니다. 한편 대학 입시는 경쟁적이지만

■ 루트비히 비트겐슈타인
Ludwig Wittgenstein
1889~1951, 오스트리아
출신의 영국 철학자. 서양
철학사를 통틀어 언어에
대해 가장 철저하게 회의
하고 분석한 철학자. "말
할 수 없는 것에 대해서는
침묵해야 한다."라는 말을
남김. 저서에 『논리 철학
논고』『철학적 탐구』 등이
있다.

게임은 아닙니다. 다른 식으로 게임을 정의해 봐도 사정은 달라지지 않습니다. 장기, 윷놀이, 온라인 게임, 술래잡기 등 게임의 종류는 대단히 다양합니다. 이 모든 게임에서 공통된 하나의 속성을 찾기란 불가능하다는 것이 비트겐슈타인의 주장입니다. 그에 따르면 게임의 본질은 없고 '게임'이라 불리는 것들 사이의 유사성만 있습니다. 비트겐슈타인은 "서로 겹치고 교차하는 유사성들의 복잡한 그물"이라는 멋진 표현을 썼는데요, 쉽게 말해 나와 형은 눈이, 형과 동생은 코가, 나와 동생은 귀가 닮았지만, 셋 모두가 닮은 부위는 없다는 이야기입니다.

　'아름답다'라는 말은 우리의 마음을 즐겁게 해 주는 거의 모든 대상들에 대해 쓸 수 있는 일반적인 단어입니다. 지극히 광범위하고 애매하게 사용되므로 매우 다양한 의미를 지니고 있습니다. 따라서 '아름다움'도 '게임'의 경우와 마찬가지로 본질이 없습니다. 아름다운 얼굴과 목소리, 아름다운 시와 소설, 아름다운 그림과 조각, 아름다운 연극과 영화를 아우르는 공통된 속성은 없습니다. 아름다움의 본질이 없으므로 아름다움의 객관적인 기준도 있을 수가 없습니다. 아름다움의 객관적인 기준도 없는 마당에, "항상, 그리고 본래부터 아름다운 사물들이 존재"할 수 있을까요? 아름다움은 대상 자체가 갖고 있는 객관적인 성질이 아닙니다. 그것은 바로 우리 마음속에 있는 것이지요.

아니야,
아름다움은
객관적 사실이야

올랭피아와 오달리스크

"자, 이봐. 〈올랭피아〉가 살롱에 출품되었을 때 말야. 졸라가 뭐랬는지 알아? 속물들이 비웃어 대고 전통주의자, 아카데미 회원들, 대중이 쑥덕거리는데도 졸라는 이렇게 말했어. '나는 마네의 그림이 앵그르의 〈오달리스크〉와 마주 보고 루브르에 걸릴 날을 고대한다. 두 그림을 비교해서 승리를 거두는 것은 〈오달리스크〉가 아닐 것이다.' 마네의 그림은 루브르에 걸리고 말아. 난 하루하루 그날이 다가온다는 걸 알 수 있네. 두고 봐. 십 년 뒤엔 〈올랭피아〉가 루브르에 걸릴 테니."

서머싯 몸■의 소설 『인간의 굴레에서』의 한 대목입니다. 여러분은 마네■의 〈올랭피아〉와 앵그르■의 〈오달리스크〉 중 어느 쪽이 더 마음에 드나요? 어느 쪽 그림이 더 아름다운가요? 좋아하는 그림이

■ 서머싯 몸
Somerset Maugham
1874~1965, 영국의 소설가. 의과대학을 졸업했으나 작가가 되었음. 인간이란 복잡하고 이해하기 힘든 존재임을 보여줌. 저서에 『인간의 굴레』『달과 6펜스』등이 있다.

■ 에두아르 마네
Edouard Manet
1832~1883, 프랑스의 화가. 고리타분한 아카데미즘에 도전, 빛 가운데 드러난 현실을 그대로 화폭에 담아 인상주의의 길을 열었음. 작품에 〈풀밭위의 점심〉〈막시밀리안의 처형〉등이 있다.

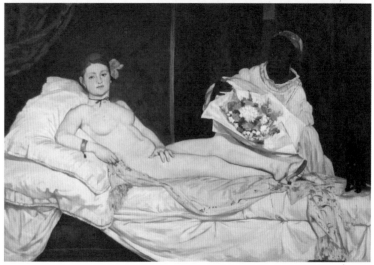

(위) 장 오귀스트 도미니크 앵그르, 〈그랑드 오달리스크〉, 1814
(아래) 에두아르 마네, 〈올랭피아〉, 1863

■ 장 오귀스트 도미니크
앵그르 Jean Auguste
Dominique Ingres
1780~1867, 프랑스의 화
가. 19세기 우아하고 세련
된 화풍으로 고전주의를
대표함. 작품에 〈루이 13
세의 성모에의 서약〉〈샘〉
등이 있다.

곧 아름다운 그림인가요? 혹시 〈올랭피아〉를 좋아하진 않지만 아름
답다고 생각하는 사람이 있을까요? 〈올랭피아〉를 좋아하지만 아름
답진 않다고 생각하는 사람은요?

22

졸라[■]의 기대대로, 〈올랭피아〉는 1907년 결국 루브르에 걸리게 됩니다. 처음 살롱에 출품되었을 때 사람들이 알아채지 못했던 〈올랭피아〉의 아름다움이 마침내 드러난 것일까요? 아니면 사람들의 취향에 변화가 생긴 것일까요? 혹은 〈올랭피아〉는 여전히 아름답지 않지만, 그럼에도 불구하고 루브르에 걸릴 만한 무언가 다른 이유가 있는 것일까요?

■ 에밀 졸라 Emile Zola
1840~1902, 프랑스의 소설가. 위고, 발자크, 스탕달 등과 함께 19세기 프랑스에 '소설의 시대'를 열었음. 억울한 간첩 누명 사건인 '드레퓌스 사건'의 진실을 「나는 고발한다」라는 글로 폭로함. 저서에 『목로주점』 『나나』 등이 있다.

탤런트는 당신의 어머니보다 아름답다

"엄마가 좋아, 아빠가 좋아?" 이것은 "자장면 먹을래, 짬뽕 먹을래?"와 함께 세상에서 제일 대답하기 힘든 질문입니다. 하지만 선택은 철저히 개인의 몫입니다. 엄마가 아이한테 넌 왜 아빠를 더 좋아하느냐고 따져 봐야 소용없는 일입니다. 짬뽕을 주문한 친구에게 "짬뽕을 시키는 걸 보니 네 입맛은 참 싸구려구나."라고 말한다면, 꽤나 험한 소리를 듣게 되겠죠. 그런데 "너희 엄마가 예뻐, 탤런트 김태희가 예뻐?"란 질문은 앞의 두 질문과 성격이 다릅니다. 누구나 탤런트 김태희가 더 예쁘다고 할 것입니다. 아무리 자기 엄마를 좋아하는 사람이라 해도 말이죠. 엄마가 더 예쁘다는 사람도 있을 수 있다고요? 둘 중 하나입니다. 마음에도 없는 말을 하고 있거나 보는 눈이 이상하거나. 후자를 고상하게 표현하면 아름다움을 보는 안목이 없다고 합니다. 이렇듯 좋아함과 아름다움은 다릅니다. 좋아함이 주관적이라면 아름다움은 객관적입니다. 확실히 탤런트 김태희는 객관적으로 아름답습니다. 이를 부인하는 사람이 있다면, 그 사람에게 문제가 있는 것입니다. 지금 우리는 눈으로 보고 귀로 들을 수 있는 아름다움에 대해서만 논의하고 있다는 걸 알고 있지요?

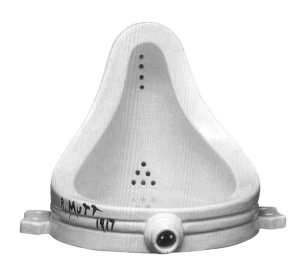

마르셀 뒤샹, 〈샘〉, 1917   앤디 워홀, 〈브릴로 상자〉, 1969

■ 마르셀 뒤샹
Marcel Duchamp
1887~1968, 프랑스의 미
술가. 공산품에 서명만 한
후 작품으로 내놓는 등 장
난처럼 보이는 해프닝으
로 미술의 전환을 이끌어
냄. 전위미술, 설치미술 등
현대미술에 큰 영향을 끼
침. 작품에 〈계단을 내려
오는 나체〉〈샘〉 등이 있다.

■ 앤디 워홀 Andy Warhol
1928~1987, 미국의 화가.
현대미술의 대표적인 아
이콘. 어렵고 엄숙한 순수
미술 대신 대중문화의 시
각적 이미지를 미술의 영
역으로 가져온 팝아트의
선구자. 작품에 〈캠벨 수
프〉〈마릴린 먼로〉 등이
있다.

아름다움은 또한 예술과도 구별됩니다. 많은 예술 작품들은 물론
아름답습니다. 그러나 예술이 아름다운 것만 표현한다는 생각은
낡은 편견에 불과합니다. 마네의 〈올랭피아〉를 보고 가슴에 손을 얹
고 대답해 봅시다. 이 그림이 정말 아름다운가요? 본 대로 느낀 대
로 말해 봅시다. 그림 속 벗은 여인의 시선은 건조하고 냉담한 데다
얼굴도 각지고 투박해 보입니다. 그 발치의 검은 고양이도 불길해
보이고요. "속물들이 비웃어 대고 전통주의자, 아카데미 회원들, 대
중이 쑥덕거리는"게 당연하지 않을까요? 그러나 〈올랭피아〉는 약
과입니다. 뒤샹■이 1917년 뉴욕에서 전시한 〈샘〉은 그야말로 충격
과 공포입니다. "헉!" 소리밖에 안 나오지요? 이건 아무리 봐도 그
다지 유쾌하지 않은 남성용 소변기일 뿐이잖아요. 이에 비하면 워
홀■의 〈브릴로 상자〉는 양반이죠. '브릴로'는 청소용 세제의 브랜드
명입니다.

물론 이 작품들은 "예술이란 무엇인가?"라는 근본적인 질문을 던지고 있습니다. 예술사적으로 가치 있는 훌륭한 실험들이지요. 〈올랭피아〉는 보수적인 살롱 전시회의 권위에 도전한 사실적이고 직설적인 그림입니다. 〈샘〉과 〈브릴로 상자〉는 제도화, 형식화된 미술 시스템에 의문을 제기하며 무엇이 미술이고 무엇이 미술이 아닌가라는 도발적인 질문을 던졌지요. 그러나 예술 작품으로서는 아름답다고 할 수 없습니다. 고전적이고 사실적인 작품이라야 아름답다는 주장을 하는 것은 아닙니다. 현대 추상미술도 얼마든지 아름다울 수 있습니다. 중요한 것은 좋은 작품과 아름다운 작품은 별개이

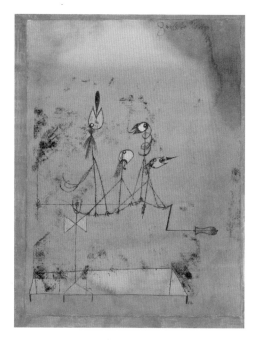

파울 클레, 〈지저귀는 기계〉, 1922

며, 전문가가 아닌 일반인도 아름다운 작품을 어느 정도는 알아볼 수 있다는 사실입니다. 클레＊의 〈지저귀는 기계〉를 볼까요? 추상화지만 미묘한 뉘앙스의 색조가 참 아름답지 않습니까? '지저귀다'가 영어로 '트위터twitter'라는 건 알지요?

아름다운 비례

그렇다면 아름다운 사람은 어떤 사람이고 아름다운 작품은 어떤 작품일까요? 아름다운 대상과 그렇지 않은 대상 사이에는 어떤 차이가 있을까요? 아름다움의 기준은 무엇일까요?

먼저 피타고라스의 정리로 유명한 피타고라스학파＊를 봅시다. 이

■ 파울 클레 Paul Klee
1879~1940. 스위스 출신의 독일 화가. 현대 추상 회화의 선구자. 음악의 기법을 다채로운 색채의 선과 그림으로 표현하려 했다. 작품으로 〈남쪽 정원〉 〈죽음과 불〉 등이 있다.

■ 피타고라스학파
고대 그리스의 철학자들 중 만물의 근원은 수(number)라는 주장을 한 사람들. 수학적으로 질서 정연하게 배열된 음악의 화음이 우주의 조화를 보여 준다고 생각함.

들에 따르면, 아름다움의 기준은 조화입니다. 그런데 조화는 질서에서 나오고, 질서는 비례에서, 비례는 척도에서, 척도는 숫자에서 나온다고 합니다. 그러므로 아름다움을 구성하는 궁극적인 요소는 수數가 됩니다. 수나 비례라고 하니 좀 이상하게 들리겠지만 그렇지 않습니다. 지금도 많은 사람들이 따르고 있는 음악 법칙은 피타고라스학파가 발견한 음의 비례에서 비롯됩니다. 바흐나 모차르트의 음악이 아름다운 것도 바로 이 비례 때문이죠. 반면 불협화음으로 가득 차 있는 쇤베르크■의 음악은 기괴하고 음산합니다. 듣고 있으면 불안과 초조, 짜증과 화가 밀려옵니다. 그의 음악은 억압적 사회 구조로 인한 고통을 폭로한다고 합니다. 그러나 의도야 어떻든 간에 결코 아름다운 음악은 아닙니다. 음과 음 사이의 수학적 관계가 무너졌기 때문이죠.

시각적인 아름다움을 위해서도 비례는 중요합니다. 예컨대 고대 그리스에서 발견된 황금비■는 가장 조화로운 비율로 예전부터 건축이나 조각에서 활용되었습니다. 황금비는 오늘날에도 명함, 신용카드, HD TV, 컴퓨터의 와이드 모니터 등에서 흔히 발견됩니다. 아름다운 여성의 몸에도 수학적 질서가 있습니다. 풍만한 예전 미인이건, 날씬한 요즘 미인이건 간에 엉덩이 둘레에 대한 허리둘레의 비율만큼은 0.7로 일정합니다. 이러한 사실은 여성의 아름다움을 평가하는 주요 기준이 모든 문화권에 보편적임을 보여 주는 증거입니다. 여성의 아름다움은 제 눈에 안경이 아닙니

■ 아르놀트 쇤베르크
Arnold Schönberg
1874~1951, 오스트리아의 작곡가, 현대 음악가. 전통 화음과 조성을 탈피, 12음법 무조음악을 창시함. 작품에 〈달의 피에로〉 〈관현악을 위한 변주곡〉 등이 있다.

■ 황금비
주어진 길이를 가장 조화롭게 나누는 비율로 대략 1:1.618이다. 예를 들어 수많은 직사각형 중 가로와 세로의 길이의 비가 황금비인 직사각형이 가장 이상적인 직사각형이다. 꽃잎이나 고동과 같은 자연물에서도 발견되며, 레오나르도 다빈치가 '황금분할'이라 불렀다.

〈밀로의 비너스〉, 기원전 2세기

다. 화장품 업계와 의류 업계가 만들어 낸 것도 아닙니다. 누가 봐도 〈빌렌도르프의 비너스〉보다는 〈밀로의 비너스〉가 더 아름답습니다. 〈빌렌도르프의 비너스〉는 구석기 시대의 실제 미인상이 아니라 풍요와 다산을 상징하는 조각상입니다.

플라톤[■]은 피타고라스학파의 견해를 받아들여 "아름다운 것치고 비례를 갖추지 않은 것은 없다."라고 말합니다. 그러나 플라톤은 비례를 갖춘 것, 즉 아름다움은 보거나 들을 수 있는 것이 아니라, 이성으로 파악해야 하는 것이라고 주장합니다. 무슨 말일까요? 플라톤에 따르면 진짜로 존재하는 것은 이데아[■]의 세계입니다. 우리가 사는 현실 세계는 이데아 세계의 그림자일 뿐입니다. 이데아의 세계에는 비례를 갖춘 완전한 도형이 있고, 현실 세계에는 그것을 닮은 사물이 있습니다. 예를 들어 이데아의 세계에는 진짜 정삼각형이, 현실 세계에는 그것을 닮은 악기인 트라이앵글이 있습니다. 그런데 아무리 잘 만들어도 트라이앵글은 정삼각형의 정의에 딱 들어맞는 완벽한 정삼각형이 될 수 없습니다. 각 변의 길이나 각의 크기가 조금씩 다를 수밖에 없기 때문입니다. 트라이앵글은 완전한 정삼각형이 아니라 그것의 그림자입니다. 불완전한 그림자는 아름다울 수 없습니다. 완전한 정삼각형은 우리 눈으로 볼 수 없고 오직 이성으로만 알 수 있습니다. 그리고 누구든지 이성을 써서 올바르게 사유하기만 한다면, 완전한 정삼각형에 이를 수 있습니다. 완전한 정삼각형은 누가 사유해도 동일하기 때문입니다. 따라서 진정한 아름다움은 객관적이고 보편적입니다. 사람 취향에 따라 다른 것이 아닙니다.

■ 플라톤 Plato
BC 427? ~ BC 347?, 고대 그리스의 철학자, 소크라테스의 제자. 사물의 본질과 존재의 근본 원리를 탐구하는 학문인 형이상학의 창시자. 영국의 철학자 화이트헤드는 "서양의 2천 년 철학은 모두 플라톤의 각주에 불과하다."고 말했다.

■ 이데아 idea
변하지 않는 완전하고 객관적인 사물의 본질. 플라톤 철학의 중심 개념.

〈빌렌도르프의 비너스〉, 기원전 3만 년

■ 피에트 몬드리안
Piet Mondrian
1872~1944. 네덜란드의
화가. 추상화의 선구자. 화
가가 작품을 통해 일상의
사물들이 갖고 있는 조화
와 균형이라는 본질을 보
여 주어야 한다고 생각함.
작품에 〈햇빛 속의 풍차〉
〈나무〉 등이 있다.

■ 아리스토텔레스
Aristoteles
BC 384 ~ BC 322. 고대
그리스의 철학자. 알렉산
더 대왕의 스승. 플라톤
과 함께 서양철학의 토대
를 마련함. 시학, 정치학,
자연과학 등 거의 모든 학
문에 철학적 체계를 세워
'학문의 제왕'이라 불렸다.

플라톤에겐 예술도 사실 못마땅합니다. 현실 세계의 대상은 그림자인데 이것을 묘사한 그림이나 조각은 '그림자의 그림자'에 불과하니까요. 그나마 플라톤이 인정할 것 같은 예술가는 몬드리안*일 것입니다. 몬드리안은 수평선과 수직선만으로 화면을 구성하고, 삼원색과 무채색만으로 화면을 채웁니다. 순수한 기하학적 형태는 감각과 무관한 이데아의 세계를 나타냅니다. 이 세계는 완벽한 질서와 균형을 갖추고 있습니다. 몬드리안의 그림을 처음 접하면, 저 정도는 나도 그리겠네, 하는 생각이 들 수 있습니다. 그러나 선 하나만 더해지거나 빠져도, 혹은 선 하나의 위치만 바뀌어도 질서와 균형은 무너질 것입니다. 플라톤의 제자인 아리스토텔레스* 또한 "미의 주된 형식은 질서와 균형, 그리고 일정한 크기이다."라고 말한 바 있습니다.

아름다움의 기준은 있다

우리가 꼭 플라톤이 말한 이데아의 세계를 받아들일 필요는 없습니다. 비례가 아름다움의 기준이긴 하나, 그것만이 유일한 기준이라는 것은 아닙니다. 중요한 것은 아름다움의 객관적인 기준이 존재한다는 사실 자체입니다. 그런 것이 없다면 각종 미인 대회, 음악 콩쿠르, 미술 대회 등이 도대체 무슨 의미가 있을까요? 아름다움이 단지 취향의 문제라면 말이지요.

　물론 미인 대회의 심사 기준과 음악 콩쿠르의 심사 기준이 완전히 똑같을 리는 없습니다. 아름다움의 본질, 즉 모든 아름다운 것들을 아우르는 공통된 속성이 없다는 비트겐슈타인의 주장에는 어느 정도 일리가 있습니다. 그러나 그렇다고 아름다움의 기준이 없는 것

피에트 몬드리안, 〈빨강, 파랑, 노랑의 구성〉, 1930

은 아닙니다. 아름다움 일반의 기준은 아니더라도, 아름다운 여성, 아름다운 음악, 아름다운 미술 등 각각의 기준이 존재하니까요. 이들 각 영역의 기준은 완전히 똑같진 않겠지만 상당 부분 겹칠 것입니다. 비트겐슈타인의 말처럼 기준들끼리도 "서로 겹치고 교차하는 유사성들의 복잡한 그물"을 형성하게 되겠죠. 더 정확히 말하자면, 아름다운 미술의 기준은 상당히 추상적입니다. 하지만 회화냐 조각이냐 건축이냐가 정해짐에 따라 기준들은 더 구체화됩니다.

그런데 한 영역의 아름다움을 제대로 감상하기 위해서는 일반적으로 오랜 시간의 교육과 훈련이 필요합니다. 전문가들은 이러한 과정을 거쳐 탄생합니다. 이들은 자기 영역에서의 아름다움을 정확하게 평가할 수 있습니다. 그리고 왜 아름답고 왜 아름답지 않은지, 어디가 아름답고 어디가 아름답지 않은지에 대해 일반인들에게 설명도 할 수 있습니다.

TV에서 방영되는 오디션 프로그램을 예로 들어 볼까요? 심사 위원들은 작곡, 음반 제작, 라이브 콘서트 등에서 많은 경험을 쌓은 프로들입니다. 오디션 참가자들에 대한 심사 위원들의 판단과 일반 시청자들의 판단은 대체로 일치합니다. 이것은 일반인들도 아름다움의 기준을 암묵적으로는 활용하고 있다는 증거입니다. 다만 전문적인 교육을 받지 않았기에 이것을 말로 표현하기가 힘들 따름이죠.

그런데 간혹 심사 위원들의 판단과 일반 시청자들의 판단이 어긋나기도 합니다. 심사 위원들의 설명을 듣고 수긍이 간다면, 일반인들의 처음 판단이 틀린 것입니다. 설명을 듣고서도 수긍이 안 간다면 그때는요? 그래도 역시 일반인들이 틀린 경우가 대부분입니다. 심사 위원들은 음악의 아름다움에 대한 안목이 뛰어난 사람들이기 때문입니다. 물론 심사 위원들도 사람이니만큼 정말 드물게 실수를 할 수도 있습니다. 그 경우에는 심사 위원들도 실수를 인정할 수밖에 없겠지요.

자, 여기서 중요한 것은 누가 옳고 누가 그르냐가 아니라 옳은 판단과 그릇된 판단이 존재한다는 사실입니다. 판단이 틀릴 수 있다는 것 자체가 아름다움에 객관적 기준이 있다는 증거가 됩니다. 아름다움은 제 눈에 안경이라는 주관주의의 견해가 사실이라면 아름다움에 대한 판단은 틀릴 수조차 없게 됩니다. 이렇게 되면 아름다움에 대해 아무런 진지한 논의도 기대할 수 없지 않을까요? 아름다움은 객관적으로 존재합니다.

입장 정하기

● 두 글에서 주장의 근거로 제시한 내용을 각각 요약해 봅시다.

● 다음 쟁점에 대하여 자신의 입장을 정하고 근거를 제시해 봅시다.

쟁점1 아무도 아름답지 않다고 생각해도 아름다울 수 있다.

	그렇다	아니다
근거		

쟁점2 아름다움을 판단하는 기준이 있다.

	그렇다	아니다
근거		

쟁점3 아름다움의 본질은 있다.

	그렇다	아니다
근거		

● 객관주의자들의 주장을 들으면 객관주의가 옳은 것 같고, 주관주의자들의 주장을 들으면 주관주의가 옳은 것 같습니다. 객관주의와 주관주의를 절충하는 제3의 길은 없을까요? 혼자서도 생각해 보고, 책이나 인터넷에서도 조사해 봅시다.

예술이란 무엇인가에 대한 몇 가지 답변

다양한 예술론

아름다움과 예술은 다릅니다. 예술은 인간의 활동입니다. 자연에서도 얼마든지 아름다움을 찾을 수 있는 반면, 예술 작품이라고 반드시 아름다운 것은 아닙니다. 그렇다면 예술이란 무엇일까요? 고대 그리스 철학자들의 생각으로부터 현대의 예술론까지 예술을 바라보는 시각은 다양합니다. 여기에는 심지어 "예술가들이 하는 것이 예술이다."라는 주장까지 있습니다. 예술에 관한 다양한 생각들을 살펴볼까요?

모방론

예술은 모방이라는 주장이다. 모방론은 예술이 진정한 가치를 지닌 무엇인가를 모방한다고 본다. 인간의 운명이나 사물 혹은 풍경의 모습에는 이상적인 원형이 있으며, 그 원형을 최대한 모방하고 재현하여 감상자들에게 원형을 간접적으로나마 경험할 수 있게 하는 것이 예술로, 즉 이것은 예술을 진리에 속한 것으로 여기는 관점이다. 플라톤이 대표적인 모방론자이다.

표현론

예술은 감정의 표현이라는 주장이다. 톨스토이에 따르면, 예술은 감정을 타인에게 전달하는 수단이다. 예술가는 자신이 표현하고 싶은 감정을 타인도 공감할 수 있도록 작품을 통해 전달한다. 반면 콜링우드에 따르면, 예술은 개인의 감정을 정리하는 수단이다. 베토벤은 자신의 괴로운 감정을 〈운명〉 교향곡을 통해 정리할 수 있었다. 예술을 통해 감정이 정리되었다면 굳이 타인에게 전달하지 않더라도 예술은 그 소임을 다한 것이 된다.

형식론

모방론이나 표현론으로는 몬드리안의 그림을 이해하기 곤란하다. 몬드리안 그림의 감상 포인트는 형태와 색채 그 자체이다. 칸트는 대상의 아름다운 성질은 그것의 순수한 형식이라고 보는데, 칸트의 생각은 20세기에 이르러 형식론을 탄생시켰다. 이에 따르면, 예술 작품들의 공통적인 성질은 오직 아름다운 형식뿐이다. 미술 작품 속에는 조화롭게 결합된 선들과 색채들, 특정한 형태들이 존재한다. 음악 작품 속에는 소리들의 연관, 조화와 대립, 상승과 하강, 탄생과 소멸이 존재한다.

제도론

뒤샹이나 워홀의 작품은 모방론이나 표현론, 혹은 형식론으로는 설명할 수 없다. 제도론에 따르면, 이들의 작품이 예술인 이유는 예술계가 예술로 인정했기 때문이다. 미학자 디키는 이렇게 말한다. "예술 작품이란 예술 제도를 대표하는 사람들에 의해 감상을 위한 후보라는 지위를 인정받은 인공물이다." 예술의 조건이 따로 있는 게 아니라, 예술계의 구성원들이 '예술'이라 부르는 것이 바로 예술이라는 것이다. 이때 예술가, 감상자, 비평가, 예술 담당 기자, 예술 철학자 등이 예술계를 구성한다.

예술 정의 불가론

예술의 본질은 없다는 주장이다. 따라서 표현론이나 형식론은 있지도 않은 본질을 찾고 있는 셈이다. 미학자 와이츠에 따르면, 예술 정의 불가론이야말로 무한한 창조성이 보장되어야 하는 예술에 대한 가장 적절한 대접이다. 그는 표현이나 형식은 예술의 본질이 아니라 좋은 예술의 기준으로 보아야 한다고 주장한다.

진화 심리학적 관점

진화 심리학에서는 예술을 진화의 산물로 본다. 예술은 번식이나 생존에 도움을 주기 때문에 시작되었다는 것이다. 우리가 시를 읊거나 노래를 부르는 행위는 암컷을 유혹하기 위해 수컷 공작이 꼬리를 펼치는 행위와 다르지 않다. 생존의 도움이란 관점에서 보면, 신석기 예술에서 흔히 보이는 기하학적 문양은 자연에 질서를 부여하는 도구이다. 예술을 통해 인간은 거칠고 위험한 자연을 조절해 나간다는 것이다.

2 이기주의

그래,

인간은 누구나

이기적이야

아니야,

사람은 이기적인 동기만으로

행동하지는 않아

● 자기 자신의 이익만을 좇는 사람이나 행동을 가리킬 때 '이기적'이라는 말을 씁니다. 누군가를 보고 이기주의자라고 말하는 것은 거의 욕설에 가깝습니다. "쟤는 이기주의자야."라고 말하면 그 사람을 비난하는 말이죠. 반면에 '이타적'이라는 말은 칭찬입니다. 자기에게는 아무 이익도 없거나 심지어 손해를 보는데도 다른 사람에게 혜택을 주는 사람이나 행동을 말하는 것이니까요. 그런데 이런 이기주의를 당당히 주장하는 철학자들이 있습니다. 우리가 이타적이라고 생각하는 행동도 알고 보면 자기 이익이나 만족을 위한 것이라는 주장입니다. 평소에 이기적이라는 말을 들었던 사람은 이런 주장을 반길지 모르겠습니다. 이타적인 사람이나 자신이나 별 차이가 없다는 결론이 나오니까요. 그러나 사람들이 점점 더 이기적이 되어 간다고 생각하는 사람들은 이런 이기주의가 달갑지 않을 것입니다. 힘들여 이타적인 행동을 했는데 기껏 이기적이라는 소리를 들으면 누가 남을 돕는 행동을 하겠어요? 자신의 이기적인 행동에 면죄부를 주고 싶은 사람이든 이기적인 사회 분위기가 못마땅한 사람이든 이기주의라는 철학이 어떤 주장이고, 어떤 비판이 가능한지 알아야 할 것입니다.

생각 열기

정말 멋지지 않니? 가수 P가 용감한 시민상을 받았대. 공원을 지나가는데 강도가 사람을 때리고 가방을 빼앗아 달아나는 걸 보고 쫓아가서 붙잡았다더라. 얼굴만 착한 줄 알았더니 마음도 참 착해.

그 가수가 마음이 착해서 강도를 붙잡았을까? 얼굴이 알려진 가수니까 다른 사람을 의식해서 억지로 나섰다가 운이 좋아 잡은 건지도 몰라. 우리도 아는 사람이 있을 때와 없을 때, 보는 사람이 있을 때와 없을 때의 행동이 다르잖아.

그럼 다른 사람을 의식해서 남을 도왔다는 거야? 기사를 보니까 강도를 잡은 건 새벽이던데? 제대로 된 사람이라면 아무도 보는 사람이 없어도 남을 돕는다고. 다른 사람이 위험에 처했을 때 도와주는 건 당연한 거야. 위험을 무릅쓰고 도운 사람을 삐딱하게 바라보지 마.

사람들이 남을 돕는 건 뭔가 얻는 게 있기 때문이야. 아무런 대가를 바라지 않고 행동하는 사람들이 얼마나 있겠어? 그 가수도 분명히 자기한테 도움이 되니까 위험을 무릅쓴 거라고. 용감한 시민상까지 타고 말이야. 한마디로 명예를 노린 거지.

여러분이 지갑을 주워 주인을 찾아 주었습니다. 그런데 그 사람이 여러분의 행동을 칭찬하며 지갑을 열어 지폐를 건네준다면 받을 건가요, 받지 않을 건가요? 보답을 받는 것은 당연하니 받는다는 사람도 있겠지만, 대가를 바라지 않았기 때문에 돈을 받으면 오히려 순수한 마음이 훼손된다고 거절하는 사람도 있을 거예요. 얼떨결에 받긴 받았는데 마음이 불편했다면, 다음 대화를 읽고 우리가 어떤 마음으로 남을 도왔는지 생각해 봅시다.

그럼 공명심 때문에 남을 도왔다는 거야? 남을 돕는 데 무슨 이유가 필요해? 그 가수는 자기가 다칠지도 모르는 상황에서 다른 사람을 위해 몸을 던진 거라고. 착한 행동을 한 사람의 순수한 마음을 너무 매도하는 거 아니야?

 난 세상에 순수한 마음은 없다고 생각해. 그 가수 이번에 새 앨범 나왔더라. 강도를 잡아서 사람들한테 주목도 받고 이미지가 좋아져서 앨범 홍보도 하고, 일석이조 아니었을까?

사람들이 착한 일을 할 때 모두 그렇게 하나하나 계산하면서 행동할까? 넌 정말 사람을 믿지 않는구나. 그건 세상을 너무 부정적으로 바라보는 태도야. 아무런 대가를 바라지 않고 남을 돕는 사람들이 얼마나 많은데. 당장 우리 부모님들을 봐. 우리를 위해서 희생하시잖아.

 부모님도 마찬가지야. 우리가 공부 잘하면 부모님이 우리보다 더 좋아하시잖아. 자식 키운 보람이 있다고 하시면서. 우리도 마찬가지야. 만약 봉사 점수가 없다고 생각해 봐. 아무도 지금처럼 열심히 봉사 활동을 하지 않을걸.

그래,
인간은 누구나
이기적이야

이타적이라고 불리는 사람들

■ **이수현 李秀賢**
1974~2001. 일본 도쿄
신주쿠 구 신오쿠보 역에
서 반대편 선로에 취객이
추락한 것을 보고 세키네
시로라는 일본인 사진작
가와 함께 구조 작업을 하
다 목숨을 잃었다.

이수현■이란 이름을 들어 보았나요? 이수현 씨는 일본 도쿄에서 공부를 하던 유학생이었습니다. 2001년 1월 어느 날, 그는 아르바이트를 마치고 귀가하던 중에 지하철역에서 술 취한 사람이 선로에 떨어지는 것을 보았습니다. 지하철이 곧 도착한다는 신호가 울렸지만 사람들은 비명만 지를 뿐 아무도 구할 엄두를 내지 못하고 있었지요. 바로 그때 그가 선로로 뛰어내리자 다른 일본 사람 한 명도 뛰어내렸고, 그들은 함께 술 취한 사람을 구하려고 했습니다. 그러나 그 순간 들어오던 지하철에 치여 결국 모두 죽고 말았습니다. 우리나라도 그렇지만 일본에도 자신의 목숨을 던져 가며 모르는 이를 구하려는 사람은 많지 않습니다. 일본 사람들은 이수현 씨의 살신성인에 감동해 그의 의로운 죽음을 잊지 않고 추모하고 있습니다.

구수환 감독, 〈울지마 톤즈〉, 2010   스티븐 스필버그 감독, 〈쉰들러 리스트〉, 1993

다음은 이태석■ 신부의 이야기입니다. 이태석 신부는 가톨릭 교회의 사제이지만 원래는 의사였습니다. 그는 의사라는 직업을 가지고 풍족하게 살 수 있었지만 더 많은 사람들에게 사랑을 베풀기 위해 다시 신부가 되었다고 합니다. 그리고 남을 도우며 살고 싶다는 꿈을 실천하기 위해 아프리카 수단 남부의 톤즈라는 곳에 갔습니다. 마치 의사이면서 목사로 아프리카에서 봉사한 슈바이처와 같은 삶을 산 거죠. 이태석 신부는 끝없는 내전으로 황폐해진 그곳에서 8년 동안이나 가난하고 아픈 사람들을 치료하고 교육하는 데 온몸을 바쳤습니다. 그리고 잠시 귀국해 있던 중에 자신이 암에 걸렸다는 사

■ 이태석 李泰錫

1962~2010, 가톨릭 사제. 의과대학을 졸업하고 사제가 되었으며 아프리카 수단에서 병원과 학교를 설립하여 원주민을 위해 헌신하였다.

실을 알게 되었고, 결국 2010년 1월에 세상을 떠나고 말았습니다. 같은 해 9월에는 그의 감동적인 삶을 그린 다큐멘터리 영화 〈울지 마, 톤즈〉가 개봉되기도 했었지요.

1993년에 만들어진 〈쉰들러 리스트〉라는 영화가 있습니다. 〈E.T.〉, 〈인디아나 존스〉, 〈쥬라기 공원〉 등을 만든 유명한 감독인 스티븐 스필버그가 만든 영화입니다. 쉰들러*는 실제로 존재했던 인물입니다. 그는 나치가 지배하던 폴란드의 독일인 사업가였습니다. 잘 알다시피 그 당시는 나치가 유대인들을 강제수용소에 가두고 무자비하게 대량 학살하던 시기였고, 쉰들러는 유대인들을 돈 한 푼 안 들이고 자신의 공장에서 부려 먹을 수 있었습니다. 그런데도 그는 강제수용소에 있던 유대인들을 살리기 위해 나치 장교들에게 뇌물을 주고 탈출시킬 유대인들의 명단을 만들었는데, 바로 그 명단이 '쉰들러 리스트'입니다. 그 리스트에 있는 1,100명의 유대인들은 쉰들러 덕분에 다른 곳으로 이주하여 목숨을 구할 수 있었습니다.

모두 감동적인 이야기입니다. 이수현 씨, 이태석 신부, 쉰들러의 공통점은 무엇일까요? 모두 이타적인 사람들이라는 것입니다. 다른 사람을 돕기 위해 또는 다른 사람의 목숨을 살리기 위해 자신을 희생한 사람들이지요. 물론 우리도 종종 이타적인 행동을 하기도 합니다. 버스나 지하철에서 노약자에게 자리를 양보하기도 하고, 헌혈을 하기도 하며, 불우한 이웃을 돕기 위해 기부를 하기도 하지요. 그렇지만 이런 이타적인 행동을 위해 우리의 모든 것을 희생하지는 않습니다. 자리를 양보하고, 헌혈을 하고, 기부를 하면 나의 안락함이나 시간이나 재산이 약간 희생되기는 하지만 그것은 그야말로 새 발의 피에 불과합니다.

반면에 앞에 소개된 사람들은 어떻습니까? 자신의 모든 것을 희

■ 오스카 쉰들러
Oskar Schindler
1908~1974, 독일의 사업가. 부인 에밀리 쉰들러와 함께 '쉰들러 리스트'를 작성, 유대인을 홀로코스트로부터 구해 냄. 전쟁 후 천사와 은인이라는 칭호를 들었으나 나치에 협력하고 유대인을 착취한 혐의로 전범 재판을 받기도 했다.

생하고 있습니다. 이수현 씨는 위험에 처한 사람을 구하기 위해 무엇과도 바꿀 수 없는 자신의 목숨을 던졌습니다. 이태석 신부는 편하고 부유하게 살 수 있었던 의사로서의 삶을 버리고 불편하고 위험하기까지 한 아프리카 오지에서 봉사를 했지요. 쉰들러도 손쉽게 사업을 할 수 있었지만 발각되면 처형 당할 위험에도 불구하고 유대인들을 도왔습니다. 이들은 이타적인 사람의 이데아입니다.

사람들은 결국 자기만족을 위해 행동한다

그런데 혹시 이 사람들이 이기적인 동기로 그런 행동을 한 것은 아닐까요? 겉으로는 다른 사람을 위해서 자기희생을 한 것 같지만, 사실은 자기만족을 위해 그런 희생과 봉사를 했을지도 모릅니다. 누군가를 보고 '이기적'이라고 말하는 것은 거의 욕설에 가깝습니다. "쟤는 참 이기적이야."라고 말하면 그 사람을 비난하는 말이죠. 그런데 위에서 말한 성인과 같은 사람들을 이기적이라고 하다니 너무하다는 생각이 든다고요? '이타적'이라는 말로도 부족할 것 같은 행동을 한 사람들을 이기적이라고 하다니 말도 안 된다고요?

　이기주의자들은 사람들은 언제나 자기 이익을 위해서 행동한다고 주장합니다[■]. 겉으로는 아무리 남을 위해서 이타적인 삶을 사는 것 같은 사람도, 사실은 자기만족을 위해 그런 행동을 했다고 보는 것이지요. 어떤 만족일까요? 그들은 사람들에게 길이 칭송되는 영웅이 되고 싶었는지도 모릅니다. 그리고 그런 목적은 실제로 달성되었지요. 사람들은 그들의 행동을 널리 알리고 영화로도 만들고 추모비도 세우고 있으니까요. 이수현 씨의 추모비는 그가 의로운 행동을 했던 일본 도쿄 신주쿠의 신오쿠보 역뿐만 아니라 그가 나온 초등학

■ 심리적 이기주의와 윤리적 이기주의
여기서 말하는 이기주의는 정확히 말하면 심리적 이기주의다. 심리적 이기주의는 어떤 행동을 일으키게 하는 인간의 동기에 관한 이론으로 윤리적 이기주의와는 다르다. 윤리적 이기주의는 인간이 혹시 이기적인 동기를 가지고 있지 않을지도 모르지만 이기적인 동기를 갖는 것이 바람직하다고 주장하는 이론이다.

교, 고등학교, 대학교, 고향의 공원, 일본에서 다녔던 어학원에까지 세워져 있습니다. 꼭 영웅까지는 아니더라도 사회적으로 존경을 받거나 명성을 얻고 싶었는지도 모릅니다. 이 목적도 달성이 되었지요. 우리는 그들을 본받을 만한 사람으로 존경하고 있고, 앞으로도 계속해서 그들에 대해 이야기를 할 테니까요. 지금 이 글에서도 훌륭한 분들이라고 이야기하고 있지요. 또는 어떤 보상을 받으리라는 희망이 있었는지도 모릅니다. 물론 그들이 어떤 물질적인 보상을 노리고 그런 일을 했다고 주장하는 것은 아닙니다. 여기서의 보상은 정신적인 보상을 말하는 것이지요. 다른 사람을 돕는 것 그 자체가 자기 위안을 줄 수 있습니다. 아니면 내가 남을 도울 만한 능력이 있다는 생각에 스스로 뿌듯한 마음이 들 수도 있습니다. 또는 이태석 신부 같은 경우엔 종교인이므로 현세에서의 고난을 천당에서 보상받을 수 있다는 믿음이 있었을지도 모릅니다. 설령 이타적인 행동이 다른 사람의 눈에 띄지 않아 사회적으로 칭송을 받지 못한 사람이라도, 남을 도왔다는 뿌듯한 자기만족을 얻게 되지요.

우리가 주목해야 할 점이 바로 이것입니다. 사람들은 언제나 자기만족을 위해 행동합니다. 존경이든 명성이든 보상이든 단순한 뿌듯함이든 어쨌든 자기만족을 위해 행동하지요. 따라서 어떠한 이타적인 행동이라도 자기만족이라는 목표를 달성하기 위한 행동으로 설명이 가능합니다. 꼭 의인義人들의 행동만이 아니라 우리의 사소한 이타적인 행동도 마찬가지입니다. 우리는 TV에서 불쌍한 소녀 가장이나 자연재해를 입어 고통 받는 사람들의 모습을 보면 기꺼이 ARS 전화를 눌러 후원금을 냅니다. 이타적인 행동이죠. 왜 그런 행동을 했을까요? 그들을 도와주지 않으면 마음이 너무 불편하기 때문입니다. 우리에게는 누군가를 불쌍하게 여기는 측은지심**이 있으

■ 측은지심 惻隱之心
남을 불쌍히 여기는 타고난 착한 마음. 맹자에 따르면 사람에게는 네 가지 도덕적 감정이 있는데, 인에서 우러나오는 측은지심, 의롭지 못함을 부끄러워하는 수오지심, 예로써 겸손하고 양보하는 사양지심, 잘잘못을 가려 분별하는 시비지심 등으로 이를 사단四端이라고 하였다.

42

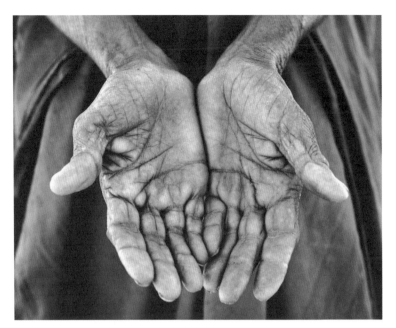
동정심을 불러일으키는 사람을 돕지 않으면 우리 마음은 불편해진다.

니까요. 그 때문에 불쌍한 이들을 보고도 도와주지 않으면 그 일이 마음에 걸립니다. 그래서 조금이라도 자비를 베풂으로써 내 마음이 편안해지도록 하는 것이지요. 가여운 사람을 도운 행동에 스스로 기특해 하기도 하고요.

　이처럼 우리의 행동은 아무리 이타적인 행위라고 해도 결국에는 자기만족, 자신의 즐거움, 자기 마음의 평화를 위한 것입니다. 그런 만족이 없다면 인간이 다른 사람을 도와줄 리가 없습니다. 우리가 하는 행동은 이타적일지 모르지만 거기에는 이기적인 동기가 숨어 있는 것입니다. 이타적인 행동마저 이기적인 동기로 설명할 수 있으니, 다른 행동들은 더 말할 것도 없겠지요? 인간의 모든 행동은 자기만족을 위한 것입니다. 인간은 이기적인 존재인 것이지요.

이기주의 옹호

이타적인 행동은 인간만이 할까요? 그렇지 않습니다. 동물에게도 그런 이타적인 행동을 발견할 수 있습니다. 벌은 자신의 집단을 해칠 것 같은 존재가 나타나면 침을 쏩니다. 침은 내장과 연결되어 있기 때문에 침을 쏜 벌은 결국 죽게 됩니다. 자신의 목숨을 던져 집단을 보호하는 거지요. 새들도 이타적인 행동을 합니다. 매처럼 자신들을 잡아먹는 적이 나타나면 선두에 있는 새는 경계음을 냅니다. 그러면 근처에 있는 동료 새들은 그 소리를 듣고 도망가겠지만, 소리를 낸 새는 매에게 자기 위치가 노출되어 잡아먹힐 가능성이 크겠죠. 동물들이 왜 이런 이타적인 행동을 할까요? 생물학자 도킨스[■]는 동물의 이타적인 행동도 결국 이기적인 행동이라고 설명합니다. 비록 그 개체는 죽지만 많은 동료들이 살아남아 자신과 같은 유전자를 널리 퍼뜨릴 수 있기 때문입니다. 그래서 그 유명한 '이기적인 유전자'라는 말이 나오게 되었습니다. 인간도 동물과 마찬가지로 끊임없는 생존경쟁을 하며 살아갑니다. 겉보기에는 이타적인 행동처럼 보이지만, 결국 모든 행동은 생존을 위한 이기적인 마음의 또 다른 표현일 뿐입니다.

'오캄[■]의 면도날'이라는 말이 있습니다. 서양 중세의 오캄이라는 철학자가 제시한 개념으로, 무릇 이론은 다른 조건이 같다면 단순한 것이 가장 좋다는 이론이지요. 한 가지 개념을 가지고 모든 현상을 말끔하게 설명할 수 있다면 그보다 더 좋은 것은 없을 것입니다. 중력이론이 그 대표적인 사례입니다. 사과가 나무에서 떨어지는 현상도 파도가 치는 것도 행성이 운동하는 것도 모두 중력 하나로 설명할 수 있으니 중력이론은 아주 좋은 이론입니다. 적어도 오캄의 면

■ 리처드 도킨스
Richard Dawkins
1941~, 영국의 동물행동학자, 진화 생물학자. 인간을 포함한 모든 생명체는 유전자의 꼭두각시로, 자기의 유전자를 후세에 남기려는 이기적인 행동을 수행하는 존재라고 주장. 저서에 『이기적인 유전자』 『만들어진 신』 『눈먼 시계공』 등이 있다.

■ 윌리엄 오캄
William of Ockham
1285~1349, 영국의 신학자, 철학자. 오캄의 논리학과 인식론은 후대의 철학자들에게 큰 영향을 주었으며, '검약의 원칙', '경제성의 원칙'과 같은 말로 사용되는 '면도날 이론'에 그의 이름이 붙어 있다.

도날이라는 기준에서 봤을 때 이기주의는 좋은 이론입니다. 인간의 모든 행동을 '이기적'이라는 동기 하나로 깔끔하게 설명할 수 있으니까요. 게다가 평소에 정말로 '이기적인' 사람들, 다시 말해서 '이타적인' 행동을 잘 안 하는 사람들의 죄책감도 덜어 줍니다. 평범한 사람들은 항상 남을 배려하고 돕는 착한 행동을 하는 사람들을 보면 한편으로는 마음이 찔리기도 하고, 다른 한편으로는 "잘났어, 정말!" 하는 마음도 듭니다. 그런데 그런 행동이 결국은 자기만족을 위해 나온 이기적인 행동이라니, 한편으로는 마음이 놓이기도 하고 다른 한편으로는 가식을 벗긴 것 같아 통쾌하기도 합니다.

우리 모두는 자기가 하고 싶은 것만을 하는 이기적인 인간이다

그런데 이처럼 모든 행동이 자기만족을 위한 것이므로 결국 이기적이라는 주장에 반대하는 사람들이 있습니다. 이들은 자기만족을 위한 행동이 꼭 이기적이지는 않다고 반박합니다. 어떤 행동에 이기적인 만족이 따를 수는 있지만 중요한 것은 어떤 행동을 했느냐는 것이고, 그 행동은 분명히 다른 사람을 위한 행동이라는 것이지요. 만족과 행동은 별개의 것으로, 만족은 행동에 부수적으로 따라오는 것일 뿐이라고 말하면서요. 그렇다면 다음과 같은 주장은 어떨까요? 바로 모든 사람들은 자기가 하고 싶은 것을 한다는 주장이요. 사람들은 하고 싶어 하는 것이 다 다릅니다. 어떤 사람은 영웅적인 일을 하길 원하고, 어떤 사람은 돈에 관심이 있고, 어떤 사람은 권력에 집착합니다. 또 어떤 사람은 그런 데에는 전혀 관심이 없고 오로지 남을 돕는 일에만 신경을 씁니다. 심지어 스스로 고통 받기를 원하는 사람도 있습니다. 그럼에도 불구하고 사람들은 언제나 자기가 가장

아브라함 링컨은 평소에 인간은 이기심 때문에 착한 일을 한다고 생각했다. 어느 날 그가 진흙 속에 빠진 새끼 돼지들을 구해 주는 것을 보고 친구가 그것은 이기적이지 않은 행동이라고 말하자 다음과 같이 대답했다고 한다. "방금 자네가 본 것이야말로 이기심의 전형이라네. 만일 내가 저 새끼들을 내버려 둔 채 지나쳤다면 나는 하루 종일 마음이 편치 않았을 것이네. 내 행위는 내 마음의 평안을 얻기 위한 것이었음을 모르겠는가?"

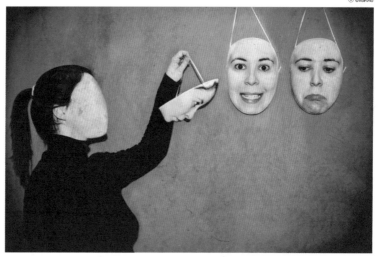

© evakke

우리는 상황에 따라 여러 얼굴을 갖고 살아가는 이기적인 인간이다.

원하는 일을 합니다. 그것이 무엇이 됐든지요. 앞에서 이타적이라고 말한 의인들의 행동도 다 마찬가지로 해석할 수 있습니다. 그들도 결국 자기가 하고 싶어 했던 일을 했다고요. 자신이 하고 싶어 하는 일을 하는데 그 사람들을 이타적이라고 말할 수는 없겠죠? '이타적' 이라는 것은 다른 사람이 바라는 대로 하는 것을 말하니까요. 언제나 자기가 간절히 원하는 것을 한다는 것, 그것은 곧 언제나 이기적인 행동을 한다는 것이고 이것은 이기주의가 옳다는 증거입니다.

어떤 일반화된 주장을 할 때는 주변에서 본 한두 사례만 가지고 주장해서는 안 됩니다.■ 모든 현상에 두루 적용될 수 있도록 설명해야 합니다. 이런 점에서 이기주의는 일반화된 주장을 하고 있습니다. 어떠한 행동에 대해서도 그 행동은 자신이 하고 싶어서 하는 것이라고 주장하고 있으니까요.

그런데 이기주의를 부정하는 사람들은 우리가 언제나 하고 싶어

■ 성급한 일반화의 오류
불친절한 일본인을 한두 명 만나고 난 후 모든 일본인은 불친절하다고 주장하는 것처럼 한두 사례만 가지고 모든 경우에 일반화하는 잘못을 성급한 일반화의 오류라고 한다.

하는 일만 하는 것은 아니라고 반박합니다. 실제로도 그렇습니다. 정말 하기 싫은 공부를 억지로 한 경험이 다들 있을 겁니다. 먹으면 토할 것 같은데도 할 수 없이 먹기 싫은 것을 먹은 적도 있을 겁니다. 죽기보다 더 싫은데 어쩔 수 없이 누군가를 만난 적도 있을 거고요. 하지만 이기주의자는 이런 반박에 대해서도 대답을 할 수 있습니다. 사실은 그것도 하고 싶은 일을 한 것이라고요. 하기 싫은 일을 한다고 생각하지만 사실은 무의식 속에서 내가 하고 싶어 했던 일인 것이지요. 내가 지금 컴퓨터 게임을 하고 싶어 한다고 해 봅시다. 그런데 또 지금 당장 숙제를 하지 않으면 안 된다고 해 봅시다. 숙제를 하기는 정말 싫습니다. 게임을 하고 싶은 것은 욕구이고, 숙제를 하는 것은 의무입니다. 나의 욕구와 의무가 충돌합니다. 결국 의무가 이겨 숙제를 했다고 합시다. 그럼 이때는 욕구에 따라 행동하지 않았으니, 이거야말로 하고 싶어서 한 행동이 아니라고 반박하고 싶은가요? 정말로 어쩔 수 없이 의무감 때문에 그 행동을 한 것이라고 말입니다. 하지만 그렇지 않습니다. 그것은 사실 '의무에 따라 행동하려는' 욕구에 따라 행동한 것입니다. 역시 내가 하고 싶은 행동을 한 것이지요. 우리가 하고 싶어 하는 행동은, 앞에서 보았듯이 상당히 많습니다. 권력, 돈, 명성, 심지어 고통을 가져다주는 행동까지도 하고 싶어 하지요. 마찬가지로 의무도 지키고 싶어 합니다. 하기 싫은 일이지만 어쩔 수 없이 해야만 하는 행동, 바로 그 행동을 하고 싶기 때문에 한 것입니다. 그렇지 않으면 그것을 왜 했겠습니까? 그 일을 한 것을 보면, 그 일을 정말로 하고 싶어 했음이 틀림없습니다. 결국 자기만족을 위해 행동하고 자신이 하고 싶어 하는 일만을 하는 인간은 누구나 이기적입니다.

아니야,
사람은 이기적인 동기만으로
행동하지 않아

자기만족을 위한 행동이 꼭 이기적일까?

■ 강재구 姜在求
1937~1965. 군인, 육군
소령. 한국군의 베트남 파
병을 위한 수류탄 투척 훈
련 중 사고가 나자 이를
몸으로 막아 살신성인함.
모교인 서울고등학교와
육군사관학교에 추모 동
상이 있으며 강원도 홍천
에 기념 공원이 있다.

이타적인 사람들이 자신을 희생하는 순간을 떠올려 봅시다. 선로에
떨어진 사람을 구하려던 이수현 씨의 행동은 눈 깜짝할 사이에 벌어
진 일입니다. 그 짧은 순간에 영웅이 되겠다든가, 이름을 남기겠다
든가, 구하지 않으면 마음이 불편할 것 같다든가 하는 생각이 들었
을까요? 강재구*라는 이름의 군인이 있었습니다. 1965년 베트남에
파병할 부대를 훈련시키던 도중, 부하 한 사람이 수류탄을 잘못 던
져 그만 부대원들 한가운데로 떨어뜨리고 말았습니다. 수류탄이 터
지면 모두가 죽게 될 상황에서 강재구 소령은 순식간에 수류탄에 몸
을 던져 부하들의 목숨을 구하고 자신은 장렬히 산화했습니다. 그
짧은 순간에 무슨 자기만족을 찾겠습니까? 그렇기 때문에 이기주의
의 주장은 틀린 것 같습니다.

그러나 이기주의자들은 여기에 대답할 말이 있습니다. 이수현 씨나 강재구 소령은 평상시에 그런 상황이 되면 자기만족을 위해 몸을 던지겠다고 끊임없이 생각해 왔기 때문에, 막상 그런 상황이 되자 조건반사적으로 그런 행동을 했다는 것입니다. 날마다 같은 시간에 자명종 소리를 듣고 깨어난 사람이 자명종이 없어도 같은 시간에 일어나는 것처럼 말입니다. 비록 그 짧은 순간에 어떤 만족을 느껴야겠다고 생각하지는 못하지만 그런 생각이 잠재되어 있기 때문에 무의식적으로 그런 행동이 나왔다는 것입니다. 마치 습관처럼요.

빈센트 반 고흐, 〈착한 사마리아인〉, 1890

이기주의는 우리의 모든 행동이 자기만족을 위한 것이라고 주장합니다. 그러면 그렇지 않은 행동이 하나만 있다는 것을 보여 줘도 그 주장은 틀린 것이 됩니다.■ 모든 고니는 희다고 주장했는데 희지 않은 고니가 한 마리라도 있다면 그 주장은 틀리게 되는 것처럼 말입니다. 그리고 호주에 가면 정말로 검은 고니가 있답니다. 자, 그럼 자기만족을 위한 행동이 아닌 예를 찾아볼까요? 그런 행동은 많습니다. 주사 맞는 것을 생각해 보세요. 또는 시험공부하는 것을 생각해 보세요. 거기에 무슨 만족이 있나요? 어떤 즐거움도 평화도 찾을 수 없지요. 하지만 시험공부를 즐기는 사람도 있다고요? 그렇습니다. 이기주의자들은 이런 주장에 대해서도 여전히 답변할 수 있습니다. 지금 당장은 불쾌함과 고통만

■ 반례

"모든 A는 B이다."와 같은 형식으로 된 보편 명제가 틀렸다는 것을 보여 주려면 "A인데 B가 아니다."라는 명제를 하나만 보여 줘도 된다. 이런 명제를 반례라고 한다. 권투에서 맞받아치는 펀치를 카운터펀치라고 하는데 영어의 counter에는 무엇을 반대한다, 맞받아친다는 뜻이 있다. 반례는 영어로 counterexample이다.

있지만 장래의 즐거움을 위해 주사도 맞고 시험공부도 한다고요. 또 아예 고통 그 자체를 찾는 사람도 있다고 말합니다. 고행을 하는 사람들이 그들이죠. 그들은 일부러 자기 몸에 채찍질하고 뻘겋게 달아오른 숯 위를 걷기도 합니다. 그리고 그 고통을 통해서 만족을 얻겠죠. 고통을 '즐긴다'라는 표현도 있으니까요. 여전히 모든 행동은 자기만족을 위한 것처럼 보입니다.

그럼 이런 이야기는 어떤가요? 심순애가 김중배와 이수일* 중에 누구와 결혼할지 고민합니다. 심순애는 돈 많은 김중배보다는 자기를 진심으로 사랑하는 이수일과 결혼하면 더 행복할 것이라고 생각합니다. 그래서 이수일과 결혼합니다. 그러나 결혼 생활은 행복하지 않습니다. 사랑이 밥 먹여 주는 것이 아니라서 가난한 결혼 생활이 힘들었던 것이지요. 이처럼 만족을 가져다준다고 생각한 행동이 사실은 만족을 가져다주지 않는 경우는 많습니다. 그러면 이것은 이기주의가 틀렸다는 증거가 아닐까요? 우리는 만족을 가져다주는 행동을 하는 것이 아닌 셈이 되니까요. 물론 여기에도 이기주의자들은 충분히 대답할 수 있습니다. 우리는 자기만족을 '주는' 행동을 하는 것이 아니라, 자기만족을 '준다고 생각하는' 행동을 한다고 말입니다. 심순애도 이수일과 결혼하는 행동이 자기만족을 줄 것이라고 '생각'한 것입니다. 그러나 그 생각은 생각으로 그쳤습니다. 생각은 뭐 틀릴 수도 있지요.

어떻게 말해도 이기주의자들은 피해 가네요. 그렇다면 모든 행동이 자기만족을 위한 것이라는 이기주의자들의 주장은 정말 맞는 말일까요? 우리는 여기에 반박할 수 없는 걸까요? 그렇지 않습니다. 한번 방향을 바꿔 자기만족을 위한 행동이라고 해서 그것을 꼭 이기적이라고 불러야 할지를 생각해 봅시다. 그게 곧 이기주의 주장

■ 심순애, 김중배, 이수일
1913년 매일신보에 연재되었던 조중환의 소설 「장한몽」의 주인공들. 「장한몽」은 일본 소설 「금색야차」를 빌려와 만든 연애 소설로 당시 큰 인기를 얻었고 여러 차례 소설, 연극, 영화로 다시 만들어졌다.

의 핵심이니까요. 이태석 신부를 봅시다. 그는 국내에서 편하게 의사를 할 수도 있었지만 머나먼 아프리카 땅으로 가서 봉사를 했습니다. 이기주의자들의 주장처럼 그가 그런 행동에서 만족감을 느꼈다고 해 봅시다. 그런데 아무리 만족을 느꼈다고 해서 다른 사람을 돕는 행동을 과연 이기적이라고 부를 수 있을까요? 이태석 신부는 국내에서 돈을 벌면서도 만족을 느낄 수 있었습니다. 그런데도 고생스럽게 봉사를 하면서 만족을 느꼈지요. 국내에서 평범하게 의사로 살아도 그것을 이기적이라고 하지 않을 텐데, 아무리 자기만족을 느낄 수 있다고 하더라도 하지 않아도 되는 고생을 사서 하는 행동을 이기적이라고 부를 수 있을까요? 그를 정말 이기적이라고 부르려면 충분히 치료할 수 있는 환자가 죽어 가고 있는데도 야구 경기를 보러 가야 한다고 매몰차게 거절하는 정도가 되어야 하지 않을까요?

우리는 어떤 행동을 하고 그 행동으로부터 만족을 느낍니다. 여기까지는 이기주의자들의 주장에 동의할 수 있습니다. 그런데 우리는 그 행동과 만족을 구분해야 합니다. 이기주의자들의 주장처럼 어떤 행동에든 자기만족이 따를 수 있습니다. 그러나 만족보다는 그 행동 자체에 주목해야 하지 않을까요? 이태석 신부는 국내에서 의사를 하면서 돈을 벌 수도 있었지만 아프리카에 가서 봉사를 했습니다. 돈을 버는 행위에도 만족이 따르고, 남을 돕는 행위에도 만족이 따릅니다. 그렇다면 이태석 신부가 얻고자 했던 것은 만족일까요, 아니면 남을 돕는 행위일까요? 만족이 목표였다면 돈을 벌면서도 얻을 수 있었습니다. 오히려 더 쉽게 얻을 수 있죠. 만족이라는 것은 부수적으로 따라 나오는 것일 뿐입니다. 그의 행동에서 중요한 것은 무엇을 했느냐는 것이죠. 돈을 버는 것은 순전히 나만을 위한 행동입니다. 반면에 봉사는 내가 아닌 다른 사람에게 무슨 일이 일어나

모리츠 코르넬리스 에셔, 〈상대성〉, 1953
그림 속의 비현실적인 계단의 구조는 착각과 진실, 동어반복과 궤변을 상징한다.

■ **궤변**
언뜻 들으면 옳은 것 같지
만 사실은 억지로 그럴듯하
게 둘러댄 말. 상대방을 이
론으로 이기기 위해 거짓을
참인 것처럼 교묘하게 꾸며
반박하지 못하도록 하는 논
법. 고대 그리스에서 청년
들에게 자신의 의사를 표현
하는 방법을 가르치던 소피
스트들이 논쟁에 이기는 기
술에만 치중하자 궤변론자
로 불렸다.

는지 관심을 보이고 그것을 실천으로 옮기는 행동입니다. 그런 행동
을 이기적이라고 부르는 것은 아무리 생각해도 궤변*에 지나지 않습니다.

이기주의자들의 동어반복

이기주의자들은 더 나아가 이타적인 행동을 포함해 그것이 어떤 행
동이 되었든 다 내가 하고 싶어서 한 것이라고, 모든 행동은 결국 자

기 자신의 욕망을 채우기 위해 한 행동이라고 주장합니다. 이런 이기주의자들의 주장은 전혀 비판할 수 없을 것 같습니다. 무슨 행동을 해도 다 내가 하고 싶어서 한 것이라고 말할 테니까요. 컴퓨터 게임과 숙제 사이의 갈등을 다시 생각해 봅시다. 나는 컴퓨터 게임을 하고 싶었지만 의무감에 숙제를 합니다. 그리고 나는 컴퓨터 게임을 하고 싶었지 숙제를 하고 싶었던 것이 아니라고 분명히 말합니다. 숙제를 정말로 하기 싫었지만 억지로 했다고 말입니다. 그러나 이기주의자들은 사실은 네가 그 숙제를 억지로 하기를 원했다고 말합니다. 누구 말이 맞을까요? 나에 대해서 나보다 누가 더 잘 알 수 있을까요? 내가 숙제를 하기 싫었다고 말하는데, 왜 이기주의자들은 자꾸 내가 사실은 하고 싶었던 것이라고 말하는 걸까요? 나에게 게임을 하고 싶어 하는 욕구와 하기 싫은 일을 억지로 하고 싶어 하는 욕구 중 어느 쪽이 더 강할까요? 후자가 더 강하다면 애초에 내가 왜 갈등했겠어요? 게다가 하기 싫은 일을 억지로 하고 싶어 하는 욕구라는 게 정말 있기는 할까요?

무엇보다 이런 이기주의의 주장에는 논리적인 오류가 있습니다. 이기주의자들의 원래 입장이 무엇인지 다시 살펴봅시다. 이기주의는 모든 사람은 자기가 하고 싶은 일을 한다는 주장입니다. 이런 주장을 입증하기 위해서는 그 주장에 대한 근거를 제시해야 합니다. 단 그 근거는 그 주장과 다른 내용이어야 합니다. 이순신 장군이 훌륭하다는 주장을 하기 위해서는 이순신 장군이 나라를 구했다와 같은 근거를 제시해야 합니다. 그러지 않고 이순신 장군은 훌륭하다는 것을 다시 근거로 제시하면 될까요? 안 되겠죠? 이기주의자들의 주장 방법도 이것과 같습니다. 모든 사람은 자기가 하고 싶은 일을 한다는 주장을 하면서 그 주장을 입증하기 위해 제시한 근거가 역시

"사람들은 만족을 주는 것만 바라지."
"무슨 만족?"
"자신이 바라는 것의 만족."
"뭘 바라는데?"
"만족을 주는 것을 바라지."
"무슨 만족?"
"자신이 바라는 것."
"뭘 바라는데?"
……. 무한히 계속된다.
—조엘 파인버그, 『심리적 이기주의』에서

사람들은 자기가 하고 싶은 일을 했다는 것입니다. 이것은 "사람들은 자기가 하고 싶은 일을 했으므로 모든 사람은 자기가 하고 싶은 일을 했다."고 주장하는 것이므로, 올바른 논증 방법이 아닙니다. 이것은 같은 말을 되풀이하는 것, 즉 동어반복일 뿐입니다.

이기주의자들의 주장은 궤변일 뿐이다

"병든 아이를 정성을 다해서 돌보다가 자신의 건강을 해치고, 결국 아이가 죽자 번민하다가 슬픔에 겨워 죽는 어머니가 무슨 이익을 마음에 두고 있었겠는가?"
─데이비드 흄, 「도덕 원리 탐구」에서

모든 사람은 자기만족을 위해 행동한다거나 모든 사람은 자기가 하고 싶은 일을 한다는 것이 이기주의의 주장입니다. 그런데 여기에는 결정적인 혼동이 있습니다. 자기만족 또는 자기가 하고 싶어서 하는 것을 이기적이라고 보는 것입니다. 물론 그런 행동이 이타적이지 않을 수도 있습니다. 그렇다고 해서 이기적일까요? '이기적'이라는 것은 비난을 할 때 쓰는 말입니다. 다른 사람을 분명히 배려해야 하는 상황인데도 그렇게 하지 않았을 때 쓰는 말이지요. 다른 사람은 쫄쫄 굶고 있는데 그것을 알면서도 그 사람을 두고 뷔페식당에 가는 사람을 보고 이기적이라고 말합니다. 그런데 나의 만족을 위해 하는 행동이라고 해서, 내가 하고 싶은 일을 했다고 해서 이기적이라고 해야 할까요? 내가 배고파서 밥을 먹었고 아파서 병원에 갔다면 분명히 자기만족을 위한 행동이고 내가 하고 싶은 일을 한 것이지만, 누가 그것을 이기적이라고 부를 수 있겠습니까? 오히려 내 만족을 위해 하는 행동이고 내가 하고 싶어 하는 행동이지만, 동시에 이타적일 수도 있습니다. 헌혈은 내가 하고 싶어서 하고 착한 일을 하는 것 같아 스스로 대견하지만, 그것은 이타적인 행동이기도 합니다. 우리의 행동 중에는 분명히 이기적인 행동도 있고 이타적인 행동도 있습니다. 그러므로 모든 행동을 이기적이라고 말할 수는 없습니다.

입장 정하기

● 두 글에서 주장의 근거로 제시한 내용을 각각 요약해 봅시다.

● 다음 쟁점에 대하여 자신의 입장을 정하고 근거를 제시해 봅시다.

쟁점1 사람들은 언제나 자기만족을 위해 행동한다.

	그렇다	아니다
근거		

쟁점2 모든 사람들은 자기가 하고 싶은 것을 한다.

	그렇다	아니다
근거		

쟁점3 자기만족을 위한 행동이라고 해서 꼭 이기적이라고 볼 수는 없다.

	그렇다	아니다
근거		

● 이타적이라고 생각했는데 이기적이라고 해석될 수 있는 행동이 있는지 찾아보세요. 거꾸로 이기적이라고 생각했는데 이타적이라고 해석될 수 있는 행동이 있는지 찾아봅시다.

왜 다른 존재를 돕는가?

이타성의 과학

생존경쟁, 곧 모든 개체들이 살아남기 위해 치열한 다툼을 한다는 것은 상식이기도 하고 진화론에 의해서 뒷받침되는 이론이기도 하죠. 그런데 왜 사람들은 자신에게 아무런 이득도 없는데, 심지어는 자신에게 피해가 오는데도 다른 사람을 도우려 할까요? 동물들도 이런 이타적인 행동을 하는데 그 이유가 무엇일까요? 철학자들의 말을 들었으니 이번에는 과학자들의 설명도 들어 볼까요?

동물들의 이타주의

동물의 왕인 사자는 혼자서도 충분히 먹이를 사냥할 수 있는데도 두세 마리씩 함께 사냥을 하여 먹이를 나눈다. 혼자 사냥하면 먹이를 독차지할 수 있는데 왜 그럴까? 사자가 이타적이어서 그럴까? 정답은 혼자 사냥할 때보다 여럿이 함께 사냥할 때 더 많은 먹이를 얻을 수 있기 때문이다. 이타적으로 보이는 행동이지만 알고 보면 자신에게 이득이 돌아가는 행동으로, 일종의 윈윈 전략이라고 할 수 있다. 하지만 자신에게 전혀 이득이 없는데도 남을 돕는 이타적인 행동 역시 발견할 수 있다. 자신의 무리를 해칠 것 같은 존재가 나타나면 침을 쏘아 집단을 보호하고 죽는 벌이 그 예이다. 이타적인 행동은 자연 상태에서뿐만 아니라 실험실에서도 관찰된다. 과학자들은 상자의 양쪽에 붉은털원숭이를 한 마리씩 넣은 다음, 한 쪽의 원숭이가 사슬을 잡아당기면 먹이가 나오는 대신 다른 쪽 원숭이에게는 전기 충격을 주는 장치를 만들었다. 그런데 실험에 참가한 여러 원숭이들은 사슬을 잡아당겨 먹이를 얻는 대신 굶는 쪽을 선택했다. 원숭이들은 자신에게 아무런 이득이 없는 정도가 아니라 손해가 오는데도 불구하고 동료들을 돕는 행동을 한 것이다.

집단 선택과 이기적 유전자

동물들은 왜 이런 이타적인 행동을 할까? 처음으로 진화론을 주장한 다윈은 생존경쟁이 개체끼리의 경쟁이 아니라 종種끼리의 경쟁이기 때문이라는 이유로 이런 현상을 설명한다. 쉽게 말해 집단을 위해서 개인을 희생한다는 것이다. 어떤 두 집단이 있을 때 집단의 구성원들이 자신을 희생해 가면서 다른 구성원들에게 이득을 주는 집단이 그렇지 않은 집단보다 살아남을 가능성이 높다. 다윈의 이런 이론을 집단 선택론이라고 부른다. 하지만 아무리 같은 종이라도 자신에게 돌아오는 이득이 없는데 희생을 한다는 것은 뭔가 설명이 부족하다. 그래서 생물학자 도킨스는 진화의 단위를 개체나 집단이 아닌 '유전자'로 설명한다. 비록 그 개체는 죽지만 자신과 같은 유전자를 널리 퍼뜨리려는 행동이 이타적인 행동을 낳는다는 것이다. 유전자의 눈높이에서 보면 다른 동료를 돕는 이타적인 행동은 겉으로 보기에만 이타적이지 실제로는 이기적이다. 도킨스의 이론은 같은 종 안에서도 가족이나 친척에 대한 이타적인 행동을 더 잘 설명할 수 있다. 가족이나 친척은 혈연관계에 있으므로 유전자를 공유한 정도가 높기 때문에, 형제나 사촌이 위험에 처하는 경우에는 목숨이 위험해진다 해도 도와준다는 것이다.

낯선 존재에게 발현되는 호혜적 이타성

그런데 같은 종끼리의 이타적인 행동이 꼭 유전자를 공유한 친척들만 대상으로 할까? 당연히 그렇지 않다. 동물들의 이타적 행동 역시 꼭 친척이 아니더라도 이루어진다. 전혀 모르는 구성원에게도 자신을 희생하는 행동을 하는 사람이나 동물은 많다. 모든 이타성이 혈연 이타성은 아니다. 과학자들은 이런 이타적인 행동을 '호혜적 이타성'이라는 개념으로 설명한다. 한 개체가 다른 개체를 도와주면 다른 개체도 그 개체를 도와줄 가능성이 높기 때문에 이타적인 행동을 한다는 것이다. 원숭이들이 서로의 몸에 있는 기생충을 잡아 주는 행동이나 임팔라가 서로의 몸을 핥아 깨끗하게 해 주는 행동이 그런 예이다. 하지만 이런 이론도 다른 개체가 내가 도운 만큼 나를 도와줄 것이라는 믿음이 있을 때만 가능하다. 그런 믿음이 전혀 생길 수 없는 낯선 존재에 대한 이타적 행동은 설명하기가 힘들다. 자신을 희생하면서 남을 돕는 이타적 행동은 과학적으로도 미스터리이다.

3 다수와 소수

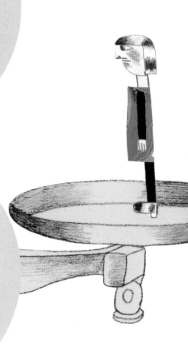

그래,

다수를 위해

소수를 희생할 수 있어

아니야,

우리에겐 반드시

지켜야 할 원칙이 있어

● 우리는 살아가면서 도덕적이라거나 윤리적이라는 말을 많이 듣습니다. 길에서 주운 돈의 주인을 찾아 주는 행동은 도덕적이라고 하고, 다른 사람을 때리거나 괴롭히는 행동은 비도덕적이라고 합니다. 어떤 행동이 도덕적인지 아닌지에 대해 사람들의 의견은 대부분 일치하지요. 하지만 그렇지 않은 경우가 종종 있기 때문에 도덕적 딜레마 상황이 생깁니다. 거짓말을 하는 것이 도덕적으로 그르다는 것을 부인하는 사람은 없습니다. 그러나 거짓말은 언제나 나쁠까요? 선의의 거짓말은 어떤가요? 상황에 따라 괜찮다고 생각하는 사람도 있을 것입니다. 또, 우리들은 다른 사람을 때리는 것은 옳지 못하다고 생각합니다. 그러나 학교에서 체벌을 허용해야 한다고 주장하는 사람도 있지요. 체벌도 분명히 사람을 때리는 행동인데 말입니다. 이런 예외를 인정하는 사람들도 다른 사람을 죽이는 행동만은 분명히 비도덕적이라고 생각합니다. 하지만 여기, 더 많은 사람의 목숨을 구하기 위해서는 아무 죄가 없는 사람의 목숨이 희생되어도 괜찮다고 생각하는 사람들이 있습니다. 다수의 행복을 위해 소수를 희생할 수 있다는 것이지요. 어떤 경우에도 사람을 죽여서는 안 되는 것일까요? 규칙은 규칙이니까 도덕 규칙은 반드시 지켜야 할까요? 아니면 예외가 허용될 수 있을까요?

생각열기

● 이야기 하나

영준은 기관차를 운전하고 있다. 기관차를 운행하던 어느 날, 내리막길을 가던 기관차의 브레이크가 고장이 나서 전속력으로 전진하게 되었다. 그런데 기관차가 가고 있는 선로에 인부 다섯 명이 작업을 하고 있는 것이 보였다. 그들은 주변이 시끄러워 기관차가 접근하는 것도 모르고 작업에 열중하고 있었다. 영준은 기관차를 멈추게 할 수는 없었지만, 다행히도 다섯 명의 인부들이 작업하고 있는 선로에 못 미친 곳에 갈림길이 있어 다른 쪽 선로로 기관차의 방향을 바꾸는 것이 가능했다. 그러나 불행히도 그 선로에는 또 다른 인부 한 명이 작업을 하고 있는 것이 보였다. 그 선로는 원래 기관차가 다니던 길이 아니므로 그 인부는 기관차가 접근할 것이라는 것을 전혀 모른 채 작업에 열중하고 있다. 영준은 브레이크가 고장 난 기관차를 멈추게 할 수는 없지만 방향을 바꿀 수는 있다. 기관차가 계속 전진하도록 내버려 두어야 할까, 아니면 다른 쪽 선로로 방향을 바꾸어야 할까? 다섯 명의 목숨과 한 명의 목숨 중에 어느 쪽을 선택해야 할까?

● 이야기 둘

테러리스트인 지석은 농구 경기를 보러 체육관에 모인 수천 명의 시민들을 인질로 붙잡고 있다. 그는 자신의 요구 조건을 들어주지 않으면 폭탄을 터뜨려 체육관을 폭파하겠다고 위협하고 있다. 어떻게 해야 하나? 가능성은 있다. 테러를 진압하는 부대가 몰래 침투하여 지석을 죽일 수 있다면 폭발을 막을 수 있고 시민들도 구할 수 있다.

또 다른 테러리스트 상미 역시 운동 경기를 보러 체육관에 모인 수천 명의 시민들을 인질로 붙잡

딜레마라는 말을 들어 본 적이 있나요? 선택해야 할 길이 두 가지가 있을 때, 그중 어느 쪽을 선택해도 바람직하지 못한 결과가 나오게 되는 곤란한 상황을 딜레마라고 부릅니다. 이래도 문제, 저래도 문제지요. 만약 여러분이 아래와 같은 딜레마 상황에 처한다면, 여러분은 어떤 선택을 할지 생각해 보세요. 상황이 모두 너무 극단적이라고요? 하지만 그런 상황일수록 우리가 지켜야 할 보편적인 원칙이 무엇인지 선명히 드러난답니다.

고 있다. 그러나 그는 좀 더 지능적인 방법으로 자신의 요구 조건을 내세우고 있다. 자신이 직접 폭탄을 들고 있는 것이 아니라, 시민 중 한 명에게 폭탄의 스위치를 누르도록 한 것이다. 그리고 자신은 보이지 않는 곳에서 그 시민의 가족을 인질로 잡고 있다. 그 시민은 자기 가족의 안전 때문에 상미의 요구대로 행동하려 한다. 폭발을 막는 방법은 그 시민을 죽이는 방법밖에 없다. 그 시민이 죽으면 그의 가족도 죽겠지만 그것이 수천 명의 시민을 살릴 수 있는 유일한 방법이다. 시간이 없다. 그 시민을 죽여야 할까, 폭발이 일어나도록 내버려 두어야 할까? 수천 명의 목숨과 한 가족의 목숨 중에 무엇을 선택해야 할까?

● 이야기 셋
가람은 이식수술을 전문으로 하는 유명한 의사이다. 그에게는 이식수술을 기다리는 환자 다섯 명이 있다. 두 명은 허파를 하나씩, 다른 두 명은 콩팥을 하나씩, 나머지 한 명은 심장을 이식 받아야 살 수 있다. 오늘까지 이식수술을 하지 않으면 그들은 모두 죽는다. 마침 그날 봉수가 건강검진을 위해 가람의 진료실에 왔다. 봉수는 아주 건강한 데다 우연히 수술을 기다리는 다섯 명의 환자와 조직 검사 결과도 일치했다. 가람은 더 많은 사람을 살리기 위해 봉수에게 장기 기증을 권유했다. 당연히 봉수는 장기 기증을 거부했다. 장기 기증을 한다는 것은 자신이 죽는다는 것을 뜻하니까. 이때 가람은 강제로 봉수에게 장기 기증을 하게 할 수 있을까?

그래,
다수를 위해
소수를 희생할 수 있어

고장 난 기차의 딜레마

고장 난 기관차의 딜레마■를 여러분은 어떻게 해결했나요? 영준은
두 가지 선택을 할 수 있습니다. 고장 난 기관차가 계속 전진하게 내
버려 두거나 아니면 다른 쪽 선로로 방향을 바꾸는 것이 그것입니
다. 그러나 어느 쪽을 선택해도 곤란한 상황이 생깁니다. 기관차를
그대로 두면 다섯 명의 인부가 죽게 되고, 방향을 바꾸면 한 명의 인
부가 죽게 되니까요. 딜레마에 빠진 거죠. 한 명이 죽는 것보다 다섯
명이 죽는 것이 더 비극이므로 방향을 바꾸면 되지 않느냐고요? 그
렇게 생각하는 사람이 많겠지만 문제가 그리
간단하지는 않습니다. 우선 인부들의 죽
음이 누구 때문인가라는 문제가 생깁니
다. 다섯 명이 죽는 것은 영준의 책임이 아

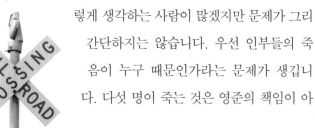

닙니다. 기관차가 고장 난 것은 기관차 정비를 제대로 하지 않은 회사의 책임일 수는 있지만 그것을 가지고 기관사인 영준을 비난하지는 않습니다. 그러나 한 명이 죽는 것은 영준의 선택 때문에 일어난 일입니다. 영준이 방향을 바꾸지 않았으면 죽지 않았을 불쌍한 그 인부는 영준 때문에 억울하게 죽었으므로 그 인부의 유족들은 영준을 비난할 것입니다. 고장 난 기관차를 그대로 두면 영준은 비난을 받지 않겠지만 더 많은 사람이 죽게 되고, 방향을 바꾸면 훨씬 적은 사람이 죽지만 영준은 비난을 받게 됩니다. 이래도 문제, 저래도 문제지요.

　이 이야기는 철학자들이 만든 가상의 상황입니다■. 따라서 "다섯 명이나 되는 인부들이 기관차가 오는 소리를 못 듣겠느냐? 얼른 피하면 되지."처럼 대답해서는 곤란합니다. 방향을 바꾸어 한 명의 인부가 죽었다고 해도 영준은 그 사람을 죽일 의도가 있는 것은 아니

■ **기관차 이야기**
trolley problem
이 문제를 제시한 철학자들의 원래 이야기에는 기관차가 아니라 유럽이나 호주에서 자동차와 나란히 달리는 작은 노면 전차인 트롤리나 트램이 등장한다.

었으므로 법적인 처벌을 받지 않거나 약한 처벌을 받을 것이라고 대답하는 사람도 있을 것입니다. 그러나 우리는 지금 영준에게 법률적인 책임이 있느냐 없느냐에 관심이 있는 것이 아닙니다. 어떤 선택이 윤리적으로 옳은지를 고민해야 합니다. 비록 법률적인 책임이 없다고 해도 윤리적으로 옳지 않은 행동은 많으니까요. 이성 친구를 사귀면서 양다리를 걸친다고 해서 법을 위반하는 것은 아닙니다. 그러나 우리는 이를 윤리적이지 못하다고 비난하지요.

영준이 기관차의 방향을 바꿔서는 안 된다고 생각하는 사람들은 아무리 다수를 위해서라고 해도 소수의 권리 그 자체는 침해될 수 없다고 주장할 것입니다. 그러나 더 많은 사람들의 목숨을 구할 수 있다면, 누군가의 비난이나 법률적인 처벌 여부를 따지기 전에 사람들은 당연히 기관차의 방향을 바꾸지 않을까요? 실제로 영국 BBC에서 온라인으로 여론 조사를 했을 때 77퍼센트의 사람들이 방향을 바꾸어야 한다고 대답했습니다.[*] 다수를 위해서는 소수가 희생되어도 된다고 생각한 것이지요.

■ 딜레마 여론 조사
영국 BBC 뉴스의 웹사이트인 http://news.bbc.co.uk/2/hi/uk_news/magazine/4954856.stm에 기관차 딜레마 외에 다른 도덕적 딜레마에 관한 여론 조사 결과가 나와 있어 자신의 생각과 비교해 볼 수 있다.

더 많은 사람들의 행복이 중요하다

왜 대부분의 사람들이 다수를 위해서 소수를 희생시켜도 된다고 대답했을까요? 행동의 결과를 계산하면 그 답을 알 수 있습니다. 기관차가 계속 전진하게 하는 행동과 방향을 바꾸는 행동의 결과가 어떻게 되는지 한번 계산해 봅시다. 한쪽은 다섯 명이 죽고 다른 쪽은 한 명이 죽습니다. 다섯 명보다 한 명이 죽는 상황이 더 행복한 것은 아주 당연합니다. 따라서 기관차의 방향을 바꾸는 것은 당연하지 않을까요? 그런데 단순히 그래도 된다는 정도가 아니라 그래야만 도덕

적으로 옳은 일이라고 주장하는 사람들이 있습니다. 바로 공리주의
자들입니다.

"최대 다수의 최대 행복"이란 말을 들어 본 적 있나요? 공리주의
를 대표하는 말입니다. 공리주의는 최대 행복을 증진하는 행동이 옳
은 행동이라고 주장하는 윤리 이론입니다. 어떤 한 사람의 행복만을
가장 크게 하는 것이 아니라, 그 행동의 영향을 받는 모든 사람들에
게 가장 큰 행복을 가져오는 행동이 윤리적으로 옳다고 주장하는 것
이지요. 어떤 행동이 가장 많은 사람들에게 가장 큰 행복을 가져오
는지는 어떻게 알 수 있을까요? 바로 특정한 상황에서 그 행동을 했
을 때 어떤 결과가 나오는지를 계산해 보면 됩니다. 그래서 그 결과
가 최대 다수에게 최대 행복을 가져오면 도덕적으로 옳다고 결론을
내립니다. 공리주의는 어떤 행동의 결과를 보고, 그 행동이 옳은지
그른지 판단하므로 결과론이라고도 부릅니다.

공리주의는 영국 철학자인 벤담▪과 밀▪이 주장한 철학 이론입니
다. 이들은 행복이란 쾌락이 있고 고통은 없는 상태라고 말합니다.
이들에 따르면 우리는 고통이 적고 쾌락이 많은 행동을 해야 할 의
무가 있습니다. 쾌락이 의무라니 좀 이상하기도 하고, 철학이 쾌락
을 추구한다고 하니 어쩐지 수준 낮게 들리기도 합니다. 실제로 벤
담과 밀이 활동하던 시대에 공리주의는 수준 낮은 철학으로 오해되
어 '돼지의 철학'으로 불리기도 했지요. 하지만 쾌락은 다름 아닌
'즐거움과 행복'입니다. 그리고 우리가 어떤 선택을 할 때 모두가 즐
겁고 행복한 일이 곧 윤리적인 선택이 될 수 있습니다. 우리를 즐겁
게 하는 것은 다양하지요. 밥을 배불리 먹어서 즐겁기도 하고, 모차
르트의 음악을 들으면 즐겁기도 합니다. 벤담과 밀은 이 점에서 의
견이 약간 다릅니다. 벤담은 그 즐거움의 종류가 어떻든 쾌락의 양

▪ 제러미 벤담
Jeremy Bentham
1748~1832, 영국의 철
학자, 공리주의의 창시자.
벤담의 유명한 도덕 원칙
이 바로 '최대 다수의 최
대 행복'. 의회 개혁과 같
은 정치 활동에도 참여함.
저서로 『정부소론』 『도덕
과 입법의 원리 서설』 등
이 있다.

▪ 존 스튜어트 밀
John Stuart Mill
1806~1873, 영국의 자유
주의를 대표하는 철학자
이자 정치경제학자, 공리
주의의 완성자. 사상의 자
유, 행복추구권을 강조하
는 등 사회 개혁을 추구
함. 저서로 『정치경제학
원리』 『자유론』 등이 있다.

이 중요하다고 주장합니다. 만약 밥을 많이 먹어서 얻는 쾌락이 모차르트의 음악을 들어서 생기는 쾌락보다 크고 둘 중 하나를 선택해야 한다면, 밥을 많이 먹는 행동을 선택하는 것이 윤리적으로 옳다는 것이지요. 그러나 밀은 쾌락의 질을 강조합니다. 비록 모차르트의 음악 감상에서 생기는 쾌락의 양이 적을지 몰라도 질로 보면 밥을 먹어서 생기는 쾌락보다 훨씬 클 수 있으니까요. 쾌락의 양을 강조하든 질을 강조하든, 공리주의자들은 쾌락을 계산할 수 있다고 생각합니다. 그리고 그 쾌락이 누구의 쾌락인지는 중요하지 않습니다. 중요한 것은 더 많은 사람들에게서 더 많은 쾌락을 산출하는 행동이라면, 그 행동을 하는 것이 옳다는 사실입니다.

어쩔 수 없을 때 규칙을 어기는 일이 꼭 나쁘기만 할까?

쾌락의 양이나 질을 계산하여 그 결과를 보고 옳은 일인지 아닌지 결정한다는 것은 참 편리해 보입니다. 물론 여기에도 문제는 있습니다. 우선 쾌락과 고통을 계산하는 일이 생각보다 쉽지 않습니다. 사람마다 기준도 다르고 고려해야 할 사항도 많으니까요. 더 큰 문제는 계산 결과에 따라 우리가 옳다고 생각해 왔던 법칙들을 지키지 않아도 되는 상황이 발생한다는 점입니다. 철학자 칸트▪는 이를 비판하며 우리에게는 자연법칙처럼 언제 어디서나 누구에게나 성립하는, 반드시 지켜야 할 도덕 규칙이 있고 이 규칙을 지켜야만 한다고 주장합니다.

　하지만 언제나 반드시 도덕 규칙을 지켜야만 할까요? 다음과 같은 경우를 생각해 봅시다. 희진과 상철은 둘 다 식당 주인입니다. 두 사람 모두 장사를 하면서 거짓말을 하지 않습니다. 그런데 그 이유

"자연은 인류를 고통과 쾌락이라는 두 군주의 지배 아래 두었다. 우리가 무엇을 하게 될 것인지를 결정하는 것은 물론, 우리가 무엇을 해야 할까를 지적하는 것도 오로지 이 두 군주에 달려 있다." —제러미 벤담, 『도덕과 입법의 원리』서문에서

"만족한 돼지가 되는 것보다는 불만족한 인간임이 좋고, 만족한 바보보다는 불만족한 소크라테스임이 좋다." —존 스튜어트 밀, 『공리주의』에서

■ 임마누엘 칸트
Immanuel Kant
1724~1804. 독일이 낳은 세계적인 철학자. 근대 서양철학을 집대성함. 전통적인 형이상학을 비판하고 "그것이 어떻게 가능한가?"를 따져 묻는 비판철학을 탄생시켰다. 저서로 『순수이성비판』『실천이성비판』『판단력비판』 등이 있다.

가 각자 다릅니다. 희진은 거짓말을 하면 단골손님이 떨어질까 봐 두려워서 거짓말을 하지 않습니다. 반면에 상철은 "거짓말하지 마라."라는 규칙 자체가 의무이므로 그것을 지켜 거짓말을 하지 않습니다. 그런데 칸트에 따르면 희진은 윤리적인 행동을 한 것이 아닙니다. 자신의 행동이 가져올 결과를 계산해서 그런 행동을 했기 때문입니다. 그는 혹시 거짓말을 하더라도 자신에게 나쁜 결과가 생기지 않는다면 거짓말을 해도 된다고 생각할 것입니다. 가령 단골손님에게 전혀 들키지 않는다고 생각된다면 거짓말을 할 것입니다. 칸트가 보기에 그런 행동은 규칙의 보편성을 어기므로 윤리적인 행동이 아닙니다.

상황에 따라 규칙을 지키기도 하고 안 지키기도 하는 것은 분명 옳지 않아 보입니다. 자신에게 유리할 때만 규칙을 지킬 수 있으니까요. 그러나 칸트의 이런 주장을 밀고 나가면 우리가 선뜻 받아들이기 힘든 상황을 허용하게 됩니다. 오히려 거짓말을 하는 것이 윤리적으로 옳다고 생각되는 경우가 있기 때문입니다. 지금이 일제강점기라고 해 봅시다. 여러분의 집에 독립운동가가 숨어 있습니다. 일본 순사가 집에 찾아와서 "이 집에 독립운동가가 숨어 있지?"라고 묻습니다. 이 상황에서도 거짓말을 하면 안 될까요? 만약

"악을 보지도 듣지도 말하지도 마라."는 의미를 가진 원숭이 조각상.

■ 칸트의 주장
칸트는 「인류애를 위하여
거짓말할 권리에 대해서」
라는 논문에서 "친구를 죽
이려는 암살자가 추격해
와서 집 안으로 달아나지
않았느냐고 물었을 경우,
어떻게 대답해야 하는가?"
를 물었고, "이 암살자에
게 거짓말을 하면 죄가 된
다."라고 대답했다.

■ 레지스탕스 résistance
'저항'을 뜻하는 프랑스어
로 제2차 세계대전 때 프
랑스를 중심으로 나치 독
일이 점령한 유럽 각지에
서 일어난 저항운동을 말함.

칸트의 주장*대로 이 상황에서도 진실을 말해야 한다고 주장하는
사람이 있다면 앞뒤가 꽉 막힌 사람이라는 소리를 듣겠죠. 그 정도
가 아니라 독립운동가가 잡히도록 도왔으니 도덕적이지 못하다는
비난까지 받을 겁니다. 나치가 지배하던 프랑스에서 어떤 수녀가 레
지스탕스*를 수레에 숨겨서 가다가 검문을 당했습니다. 나치 군인
이 "혼자입니까?"라고 물었지요. 수녀는 거짓말을 하지 말라는 계
명을 실천해야 합니다. 수녀는 사실대로 말했을까요? "혼자가 아니
죠. 우리 같은 사람은 하느님이 항상 함께 계신답니다."라고 대답했
다고 합니다. 분명히 혼자가 아니라고 했으니 거짓말을 한 것도 아
니고 레지스탕스가 있다는 사실도 숨겼죠. 그러나 모든 사람에게 이
런 재치를 기대하기는 힘듭니다.

공리주의라면 거짓말을 해야 하는 상황을 아주 잘 설명할 수 있습
니다. 거짓말을 했을 때 생기는 쾌락과 고통하고 참말을 했을 때 생
기는 쾌락과 고통을 비교해 보면 되니까요. 거짓말을 하게 되면 그
일본 순사는 독립운동가를 잡지 못해 괴롭겠지만, 참말을 했을 때
잡힐 독립운동가의 고통에 비하겠습니까? 거짓말을 해도 아무도 고
통을 안 받고 오히려 모두가 즐거운 상황도 있지요. 이른바 '선의의
거짓말'이라고 말하는 경우입니다. 병원에 입원해 계신 어떤 할머
니께서 위독하십니다. 오늘 밤을 넘기기가 힘들 것 같습니다. 그 할
머니께서 집에서 기르던 개의 안부를 묻습니다. 그런데 그 개는 어
제 사고로 죽었습니다. 칸트에 따르면 이런 상황에서도 할머니께 사
실대로 말해야 합니다. 거짓말을 한다고 해도 고통 받는 사람은 아
무도 없고, 오히려 참말을 하면 할머니의 마지막 가시는 길을 더 괴
롭게 할 뿐인데요.

꽉 막힌 규칙은 더 큰 희생을 가져온다

물론 쾌락과 고통의 계산■은 어렵습니다. 공리주의자도 계산의 어려움을 잘 압니다. 그러나 누가 봐도 명쾌하게 계산이 되는 경우마저도 규칙을 지켜야 한다고 고집하는 것은 어리석기 짝이 없습니다. 생각열기의 두 번째 이야기를 봅시다. 여기서 테러리스트인 지석을 죽일 수 있다면 그렇게 해야 합니다. 이런 명백한 상황에서도 "어떤 경우에도 다른 사람을 죽이지 마라."라는 규칙을 지켜야 할까요? 그렇게 말하는 사람은 없을 것입니다. 언제나 도덕 규칙을 지켜야 한다고 주장하는 사람들조차 우리도 그런 꽉 막힌 규칙을 고집하지는 않는다고 말할 것입니다. 자신이 따르는 규칙은 "어떤 경우에도 사람을 죽이지 마라."는 규칙이 아니라 "무고한 사람을 죽이지 마라."라는 규칙이라는 것입니다. 그러면 규칙을 강조하는 사람들도 테러리스트를 죽이는 것을 허용할 수 있습니다. 테러리스트는 무고한 사람이 아니니 이 규칙을 따를 필요가 없고, 그를 죽이는 것이 시민들을 살릴 유일한 방법이라면 죽여도 된다는 결론이 나오니까요. 그러

■ 쾌락과 고통의 계산
벤담은 여러 쾌락들을 비교하여 계산하는 일곱 가지 기준을 제시한다. 강도(얼마나 강한가?), 지속성(얼마나 오래 지속되는가?), 확실성(일어날 가능성이 얼마나 높은가?), 근접성(얼마나 가까운 장래에 일어나는가?), 다산성(또 다른 쾌락을 낳을 수 있는가?), 순수성(고통은 배제할 수 있는가?), 범위(영향 받는 사람이 많은가?)가 그것이다.

1945년 8월 9일 일본 나가사키에 떨어진 원자폭탄이 만든 버섯구름. 전쟁을 끝내기 위해 수많은 무고한 시민들을 희생시켰다.

나 기관차 딜레마에서 한 명의 인부는 분명히 무고한 사람입니다. 그러므로 이 경우에는 "무고한 사람을 죽이지 마라."라는 규칙을 지켜야겠지요. 그렇다면 한 사람의 목숨을 위해 다섯 사람의 목숨을 희생시켜야 할까요?

그러나 어떻게 계산해 보아도 무고한 사람을 죽이는 것이 분명히 올바른 행위일 때가 있습니다. 테러리스트 상미의 경우를 봅시다. 이 경우에 시민들을 살릴 수 있는 유일한 방법은 폭탄 스위치를 누르는 사람을 죽이는 방법밖에 없습니다. 아마 그러면 테러리스트는 그 사람의 가족도 죽일 것입니다. 그럼에도 불구하고 수천 명의 시민들을 살리기 위해서는 그 사람을 죽여야 합니다. 그 사람과 그 사람의 가족은 분명히 무고합니다. 그렇지만 이 경우에도 "무고한 사람을 죽이지 마라."라는 규칙에 매달려 수천 명의 시민들을 죽게 내버려 두어야 할까요? 그것은 어리석을 뿐만 아니라 오히려 더 잔인한 일입니다. 이 이야기와 기관차 딜레마의 차이점은 살 수 있었는데 죽게 되는 사람이 수천 명이냐 다섯 명이냐의 차이밖에 없습니다. 물론 다섯 명은 수천 명보다 훨씬 적은 수이지만, 무고한 소수의 사람이 다수를 위해서 희생된다는 점에서는 같습니다. 따라서 기관차의 방향을 바꾸는 것이 도덕적으로 옳은 행동입니다.

아니야,
우리에겐 반드시 지켜야 할
원칙이 있어

죄 없는 사람을 희생해서는 안 된다

우리는 여러 가지 권리를 가지고 있습니다. 자신의 의사를 자유롭게 표현할 권리, 자신의 재산을 남에게 빼앗기지 않을 권리, 행복을 추구할 권리 등을요. 그런 권리들 중 가장 중요한 것은 자신의 생명을 빼앗기지 않을 권리입니다. 생명이 없다면 다른 모든 권리를 누릴 수 없으니까요. 그런데 선로에서 일하는 한 명의 인부를 보세요. 만약 기관차의 방향을 바꾼다면 영준은 그 사람의 생명에 대한 권리를 침해하게 됩니다. 영준에게는, 그리고 그 누구에게도 그 사람의 생명을 빼앗을 권리는 없습니다. 우리는 무고한 사람들의 권리를 침해할 수 없습니다. 그러므로 기관차의 방향을 바꾸면 안 됩니다.

기관차의 방향을 바꾸어야 한다고 주장하는 사람들은 소수는 다수를 위해 희생되어도 괜찮다고 생각하는 셈입니다. 그들의 주장대로라면 생각열기의 세 번째 이야기에서 봉수에게 강제로 장기 기증을 하게 해야 합니다. 그런 상황에서 자발적으로 장기 기증을 할 사람은 아무도 없습니다. 스스로 죽겠다는 뜻이니까요. 그렇다고 해서 봉수를 납치하여 이식수술을 받게 해야 할까요? 그 말은 한 사람을 죽이겠다는 뜻입니다. 더 정확하게 말하면 환자 다섯 명의 목숨을 위하여 한 청년을 죽이는 것입니다. 다섯 명에게 이식수술을 하기 위해 한 명을 죽이는 상황과 다섯 명의 목숨을 구하기 위해 기관차의 방향을 바꿔 한 명을 죽게 하는 상황은 다른 점이 없습니다. 그런데도 이식수술의 상황에서는 그런 살인 행위는 허용되지 않는다고 말하면서, 고장 난 기관차의 경우에만 살인을 허용하는 것은 앞뒤가 맞지 않습니다. 아무 죄가 없는 한 명의 목숨을 빼앗는 것은 똑같은데도 말이지요.

그럼에도 불구하고 더 많은 사람에게 행복을 가져온다면 무고한 소수를 희생해도 괜찮다고 말하는 사람들이 있습니다. 바로 공리주의자들입니다. 다수를 위해 소수를 희생해도 괜찮다는 주장, 다시 말해 최대 다수에게 최대 행복을 가져오는 행위가 옳다는 주장은 분명하고 그럴듯해 보입니다. 그러나 조금만 생각해 봐도 문제가 많습니다. 우선 쾌락을 계산한다는 것이 그리 쉬운 일 같지 않습니다. 같은 공리주의자인 벤담과 밀끼리도 쾌락의 양이 중요한지 질이 중요한지 합의가 안 되고 있잖아요. 이처럼 사람마다 쾌락이라고 생각하는 것이 다 다릅니다. 어떤 사람은 돈만 있으면 최고라고 생각하고, 어떤 사람은 명예가 더 중요하다고 생각하며, 또 어떤 사람은 건강을 잃으면 모든 것을 잃는다고 생각합니다. 모든 사람이 동의할 수 있는 쾌락의 계산법을 찾기란 참 어려워 보입니다.

만약에 그런 계산이 가능하다고 해도 여전히 문제가 있습니다. 공

노순택, 〈좋은, 살인〉, 2009
어떤 목적을 위해서든 사람을 죽이는 일이 수단이 될 수 없다.

리주의는 어떤 행동을 함으로써 영향을 받게 될 모든 사람의 쾌락을 계산해야 합니다. 다시 말해서 기관차의 딜레마 상황이라면 인부 다섯 명의 죽음과 한 명의 죽음만 고려해서는 안 되고, 그들의 죽음이 주변 사람들에게 끼칠 영향까지 계산해야 합니다. 혹시 다섯 명의 인부는 모두 미혼이지만, 한 명의 인부는 부양가족이 10명이나 되는 가장인지도 모릅니다. 그리고 다섯 명의 인부는 사회의 암적인 존재라고 손가락질 받던 사람인 데 비해, 한 명의 인부는 성자라고 추앙받던 사람일지도 모릅니다. 다섯 명의 인부가 죽으면 "천벌을 받았다."거나 "죽어도 싸다."라고 사람들이 말하고, 한 명의 인부가 죽으면 수많은 사람들이 슬퍼할지 모릅니다. 다섯 명이 죽는 것이 한 명이 죽는 것보다 꼭 더 불행이라고 말할 수 없는 것입니다. 고장 난 기관차의 기관사가 그 짧은 시간에 이런 것을 모두 계산해서 행동을 결정할 수 있을까요?

인간이라면 반드시 지켜야 할 것들

다수가 행복해진다고 해서 반드시 옳은 것은 아닙니다. 더구나 우리에겐 죄 없는 사람의 생명을 빼앗을 어떤 권리도 없습니다. 무고한 사람의 권리를 침해해서는 안 된다고 주장하는 철학자는 칸트입니다. 그는 도덕 규칙들이 있고, 이 규칙들을 지켜야만 각 개인의 권리가 존중될 수 있다고 주장합니다. 칸트에 따르면 도덕 규칙은 우리가 그것을 지켰을 때 어떤 좋은 결과가 생기기 때문에 지켜야 하는 것이 아닙니다. 그 자체가 옳기 때문에 반드시 지켜야 하는 의무입니다. 따라서 공리주의를 결과론이라고 부른다면, 칸트의 주장은 의무론이 됩니다. "다른 사람을 죽이지 마라.", "거짓말하지 마라.", "다른 사람에게 이유 없이 고통을 주지 마라."와 같은 것이 도덕 규칙 또는 의무입니다. 과학에는 자연법칙이 있지요? "물은 높은 곳에서 낮은 곳으로 흐른다."나 "중력은 무게에 비례한다."와 같은 것이 자연법칙입니다. 이 자연법칙은 언제 어디서나 성립합니다. 어떤 때는 들어맞고 어떤 때는 들어맞지 않으면 '법칙'이 아니겠지요. 칸트가 보기에는 도덕 규칙도 이 자연법칙과 똑같습니다. 언제 어디서나 누구에게나 성립해야지, 어떤 상황에서는 지키고 어떤 상황에서는 안 지켜도 되는 규칙이 아닙니다. 칸트는 이런 점에서 도덕 규칙은 보편적이라고 말합니다.

칸트의 의무론에서는 공리주의자들을 괴롭힌 문제들도 해결됩니다. 어떤 행동의 결과를 계산할 필요가 없으므로 계산에서 오는 복잡함을 피할 수 있으니까요. 그뿐만 아니라 "다른 사람을 죽이지 마라."라는 규칙을 지키게 됨으로써 다른 사람의 생명에 대한 권리도 존중할 수 있습니다.

"너의 의지의 준칙이 항상 동시에 보편적 법칙 수립의 원리로서 타당할 수 있도록, 그렇게 행동하라. 당신 자신이나 다른 사람들의 인간성을 절대로 수단으로만 대하지 말고 언제나 목적으로 대하도록 행동하라." ―임마누엘 칸트, 『실천이성비판』에서

테오도르 제리코, 〈메두사 호의 뗏목〉, 1819년
1816년 프랑스에서 배가 난파되어 12일간의 표류 끝에 149명 중 15명만 살아남았던 실화를
바탕으로 그린 그림. 생존자들은 굶주림을 못 이겨 사람 고기를 먹었다고 한다.

물론 공리주의라고 해서 규칙▪은 쓸모없는 것이라고 말하지는 않
습니다. 개별적인 행동보다는 그 행동의 바탕에 깔려있는 규칙에 초
점을 맞추면 되니까요. 다시 말해서 어떤 개별적인 행동이 가져오는
쾌락과 고통을 계산하여 그 행동이 옳은지 그른지 결정하는 것이 아
니라, 그 행동이 속한 일반적인 규칙이 가져오는 쾌락과 고통을 계
산하여 그 규칙이 옳은지 그른지 결정하면 됩니다. 어떤 행동을 결
정해야 할 때는 시간이 워낙 급박해서 그 행동이 가져올 쾌락과 고
통을 계산할 수 없으니 평소에 어떤 규칙들을 따르면 고통보다 쾌락

▪ **행위 공리주의와 규칙
공리주의**
어떤 개별적인 행동이 가
져오는 쾌락과 고통을 계
산하여 그 행동이 옳은
지 그른지 결정라는 공
리주의는 '행위 공리주의',
그 행동이 속한 일반적인
규칙이 가져오는 쾌락과
고통을 계산하여 그 규칙
이 옳은지 그른지 결정하
라는 공리주의는 '규칙 공
리주의'라고 부른다.

이 더 많을지 깊이 생각해 보자는 거죠. 공리주의자들은 의무론자들의 꽉 막힌 규칙 대신 이런 일반적인 규칙들을 따르자고 합니다. 예컨대 "어떤 경우에도 사람을 죽이지 마라."라는 규칙을 따를 것이 아니라 "무고한 사람을 죽이지 마라."라는 조금 더 트인 규칙을 따르자는 것이지요. 그런데 이 규칙을 고장 난 기관차 딜레마에 적용해 보세요. 혼자 일하는 그 인부는 무고합니다. 따라서 그를 죽이면 안 되지요. 결국 공리주의에서도 기관차의 방향을 바꾸면 안 된다는 결론이 나왔습니다. 사실 평범한 사람들은 대부분 무고한 시민들입니다. 그런데도 다수를 위해 희생될 필요가 있을 때 죽을 수도 있다고 생각한다면 공포에 휩싸일 것입니다. 나도 선로에서 혼자 일하는 그 인부가 될 수 있으니까요. 그러므로 대부분의 사람들은 "무고한 사람을 죽이지 마라."라는 규칙에 동의하게 될 것입니다.

　이렇게 보니 공리주의자도 결국 칸트와 비슷한 주장을 하게 되었습니다. 규칙을 중요하게 생각한다는 점에서요. "어떤 경우에도 다른 사람을 죽이지 마라."처럼 '꽉 막힌' 규칙을 내세우는 것은 아니지만, 그래도 "무고한 사람을 죽이지 마라."라는 규칙을 따르게 되었으니까요. 그러나 그런 식으로 쾌락과 고통을 계산하여 어떤 규칙을 따를지 정해야 한다면 왜 꼭 그 규칙이어야 할까요? 공리주의자 입장에서는 "무고한 사람을 죽이지 마라."라는 규칙보다는 "더 큰 쾌락을 가져오지 않는 이상, 무고한 사람을 죽이지 마라."라는 규칙이 훨씬 더 나은 규칙 아니겠습니까? "어떤 경우에도 다른 사람을 죽이지 마라."가 꽉 막힌 규칙이라면, 그것보다는 덜해도 "무고한 사람을 죽이지 마라." 역시 꽉 막힌 규칙입니다. 더 큰 쾌락을 가져오는 상황이 있다면 무고한 사람을 죽일 수도 있는 것 아닙니까? 적어도 공리주의의 정신에 충실하다면 말이에요.

그렇다면 공리주의는 다시 다섯 사람의 인부를 위해서 한 사람의 인부를 희생하는 결정을 내리게 됩니다. 더 나아가 다섯 명에게 이식수술을 하기 위해 한 명을 죽이는 선택도 하게 되겠죠. 그래서 칸트는 무엇에 의해서도 침해 받지 않을 각 개인의 권리를 존중해야 한다고 주장했던 것입니다.

예측할 수 없는 결과보다 진실이 중요하다

물론 칸트의 의무론을 밀고 나가면 앞에서 예로 든 독립운동가의 경우처럼, 우리가 받아들이기 힘든 상황도 생겨납니다. 누가 봐도 말이 안 되는 상황에서조차 거짓말을 해서는 안 된다고 주장하니까요. 그러나 칸트라고 해서 그런 상황이 말이 안 된다는 것을 몰랐을까요? 그가 독립운동가가 뻔히 잡혀갈 상황에서도 굳이 참말을 말하라고 한데는 뭔가 이유가 있지 않을까요? 그런 상황에서 거짓말을 해야 한다고 주장하는 사람들은 참말을 했을 때 생기는 결과, 곧 독립운동가가 잡혀갈 것이라는 결과 때문입니다. 그러나 칸트에 따르면 우리는 결과를 확실하게 예측할 수 없기 때문에 언제나 진실을 말해야 합니다. 나는 독립운동가

오귀스트 로댕, 〈칼레의 시민〉,1884
1347년 영국과 프랑스의 백년전쟁 당시, 칼레 시민 전체의 목숨을 구하기 위해 대신 처형될 것을 선택한 시민 6명을 기리는 조각상.

가 우리 집에 없다고 말하면 그가 잡히지 않을 것이라고 예측하지만 그건 알 수가 없습니다. 만약 우리 집에 숨어 있던 독립운동가가 나도 모르게 집을 빠져나와 뒷문으로 도망쳤다면 어떤 일이 일어날까요? 내가 참말을 해서 일본 순사가 우리 집을 뒤졌다면 독립운동가는 무사히 도망갔을 것입니다. 그런데 내가 거짓말을 하는 바람에 일본 순사가 집을 나서다가 독립운동가와 우연히 마주쳐 그가 잡힐 수도 있습니다. 일이 이렇게 되면 내가 한 거짓말이 독립운동가가 잡힌 원인이 됩니다. 이거야말로 낭패 아닙니까? 그리고 나는 비도덕적인 일을 하게 되었죠. 우리는 어떤 일의 결과가 어떻게 될지 확실하게 계산할 수 없습니다. 그러므로 어떤 행동의 결과를 계산해서 그 행동이 옳은지 그른지 결정해서는 안 됩니다. 진실을 말하는 것이 최선입니다.

만약 결과를 계산해서 규칙에 예외를 허용하게 되면, 규칙을 지키는 사람은 없어지게 될 것입니다. 사람들은 단순히 자기 이익을 위해 규칙을 어겨 놓고도 최대 다수의 최대 행복 때문이라고 자기 합리화를 할 것입니다. 그런 사람들이 많아지는 세상을 도덕적이라고 말할 수 있을까요? 아무리 다수를 위해서라도 무고한 생명을 침해할 수는 없습니다. 우리는 결코 다수를 위해 소수를 희생해서는 안 되는 것입니다. 따라서 기관차의 방향을 바꾸어서는 안 됩니다.

입장 정하기

● 두 글에서 주장의 근거로 제시한 내용을 각각 요약해 봅시다.

● 다음 쟁점에 대하여 자신의 입장을 정하고 근거를 제시해 봅시다.

쟁점1 어떤 행동이 옳고 그른지는 그 행동의 결과를 보고 판단해야 한다.

	그렇다	아니다
근거		

쟁점2 도덕 규칙이라고 하더라도 상황에 따라서는 예외가 허용될 수 있다.

	그렇다	아니다
근거		

쟁점3 개인의 권리는 아무리 다수의 행복을 위해서라도 절대 침해되어서는 안 된다.

	그렇다	아니다
근거		

● 홍길동이나 로빈 후드 같은 사람을 의적이라고 합니다. 도둑은 도둑인데 의로운 도둑이라는 것이죠. 도둑질은 분명히 도덕적으로 옳지 않아 보입니다. 그런데 도둑을 의롭다고 말하는 것이 정당할까요? 좋은 목적을 위해서라면 도둑질이라도 옳을 수 있을까요? 아니면 아무리 목적이 좋아도 도둑질은 옳지 않을까요?

철학, 삶을 만나다

자신의 철학을 실천하며 산 철학자들

언행일치言行一致라는 말이 있습니다. 말과 행동이 일치한다는 뜻이죠. 자신이 한 말을 그대로 실천하며 사는 사람들은 주위의 신뢰를 받지만, 말과 행동이 다른 사람들은 위선적인 사람이라고 비난을 받습니다. 우리가 앞에서 만난 벤담과 밀, 칸트는 자신들이 주장한 철학을 삶에서 실천하며 산 철학자들입니다. 이들의 삶을 들여다볼까요?

최대 다수의 최대 행복을 위한 삶, 벤담

공리주의의 창시자인 벤담은 자신의 이론을 책에서만 펼친 것이 아니라 그것을 현실 사회에 구현하고자 많은 노력을 기울였다. 당시 옥스퍼드 대학이나 케임브리지 대학에는 재력가와 영국 국교도의 자제들만 입학할 수 있었는데, 벤담은 인종, 종교, 정치적 신념과 상관없이 누구나 입학할 수 있는 최초의 대학인 런던 대학을 세우는 데 큰 역할을 했다. 또, 보편·평등선거와 정기국회의 필요성을 역설했고 동성애자의 처벌을 반대했으며 가난 구제와 동물 해방을 주장하는 등 평생을 '최대 다수의 최대 행복'을 위해 살았다. 벤담의 공리주의적 실천은 죽어서 클라이맥스에 이른다. '인류가 얼마간의 작은 이득을 얻을 수 있게 하기 위해서' 자신의 주검을 의과대학 해부용으로 기증한 것이다. 그의 유언에 따라 뼈대에 밀집을 채워 넣어 만든 몸체에 밀랍으로 만든 가짜 머리를 얹어 평소 입던 옷을 입힌 인형이 지금도 런던 대학에 전시되어 있다. 이 인형은 오토 아이콘Auto Icon이라고 불리는데, 가끔 영국 의회로 옮겨져 회의를 참관한다고 한다. 벤담은 철저하게 공리주의적으로 살았고 죽은 다음에도 그렇게 살아가는 사람인 것이다.

다수의 권익을 위한 삶, 밀

밀도 벤담처럼 자신의 공리주의 철학을 사회에 구현하기 위해 노력했는데, 영국 하원 의원이 되어 현실 정치에 실제로 참여했다. 그는 비례대표제와 노동조합 등 여러 사회 개혁안을 주장했는데, 그중 주목할 만한 것은 여성의 권리를 강력하게 옹호한 것이다. 공리주의가 '최대 다수의 최대 행복'을 주장할 때, 그 '다수'에 포함되는 사람 개개인에게는 차별을 두지 않는다. "모든 사람은 하나로 계산되며 어느 누구도 하나 이상으로 계산되지 않는다."라는 것이 공리주의의 정신이기 때문이다. 그 당시는 남녀평등이라는 개념조차 없었을 때인데, 밀은 공리주의의 정신에 따라 남성과 여성을 똑같이 대우할 것을 주장한 것이다. 밀은 젊었을 때부터 해리엇 테일러라는 유부녀를 사랑했는데, 순수한 우정을 나누다가 21년 후 그녀의 남편이 죽은 다음에야 그녀와 결혼했다. 그리고 자신의 저서인 『자유론』에서 자신의 사상이 그녀의 영향을 받았음을 밝혔다.

규칙대로 사는 삶, 칸트

서양의 철학사에서 가장 중요하고 영향력 있는 철학자를 꼽으라면 주저 없이 칸트를 꼽을 수 있다. 그는 당시 프러시아 땅이었던 쾨니히스베르크에서 태어나 평생 그 도시에서만 살았다. 쾨니히스베르크는 '7개의 다리를 한 번씩만 건너서 산책할 수 있을까'라는 수학 문제인 '쾨니히스베르크 다리의 문제'로 유명한데, 스위스 출신의 수학자인 오일러가 그것은 불가능하다는 것을 증명했다. 쾨니히스베르크는 지금은 러시아 땅이 되었고 이름도 칼리닌그라드로 바뀌었지만, 그곳 사람들은 칸트가 그 도시 출신임을 자랑스러워 한다. 자연법칙과 같은 도덕 규칙이 있다고 주장한 칸트는 자신의 삶도 법칙에 가까울 정도로 엄격하고 규칙적으로 살았는데, 날마다 같은 시간에 일어나고 밥 먹고 잠자리에 들었다고 한다. 오후 3시 30분에는 비가 오나 눈이 오나 산책을 했는데, 동네 사람들이 칸트가 산책하는 것을 보고 시계를 맞췄다는 이야기는 유명하다. 칸트는 이 산책 시간을 딱 한 번 어겼는데, 바로 프랑스 철학자 루소가 쓴 『에밀』을 읽다가 깜빡한 것이다. 칸트는 이처럼 규칙대로 살았지만, 다른 사람들에게까지 엄격했던 재미없는 사람은 아니었다. 그는 매일 여러 사람을 초청해 담소를 나누었으며, 그의 강의는 인기가 많았다고 한다.

4 분배와정의

그래,

평등하게

나누는 사회가

정의로운 사회야

아니야,

자유를 침해하면서까지

나누는 것은

정의롭지 못해

● 사람들은 사회의 불평등을 이야기할 때 자주 미국 부자들의 사례를 듭니다. 미국에서 가장 부자인 빌 게이츠와 워런 버핏의 재산은 2010년 기준으로 각각 약 60조 원과 50조 원에 이른다고 합니다. 게다가 미국은 인구가 3억 명이 넘지만 부자들 400명의 재산을 합치면 미국 국내총생산인 GDP의 8퍼센트나 되는 비율을 차지한다고 하니, 빈부 격차도 어마어마하게 큽니다. 그런데 이런 불평등을 어떻게 바로잡아야 할까요? 그보다 먼저, 이런 불평등은 바로잡아야 하는 성격의 것일까요, 아닐까요? 게이츠와 버핏이 남의 재산을 강제로 빼앗아 부를 이룬 것도 아닌데 말입니다. 그들이 자발적으로 기부를 하면 고마운 일이지만, 그렇지 않다고 해서 강제로 세금을 거둘 수 있을까요? 그것은 혹시 스스로 노력해서 번 재산을 마음대로 쓸 자유를 침해하는 것이 아닐까요? 우리나라 부자들은 미국 부자들 정도는 아니지만 그래도 역시 재산을 많이 가지고 있습니다. 2010년 기준으로 보유 주식이 1조 원이 넘는 부자가 14명이나 된다니까요. 그런데 주목할 만한 점은 미국의 100대 부자 중에는 자수성가해서 부자가 된 사람이 71명인 데 비해, 우리나라는 100명 중에 22명에 불과하다는 사실입니다. 우리나라의 부자는 대부분 순전히 '어느 집에 태어났느냐'라는 운으로 부자가 된 것입니다. 이런 경우는 어떨까요? 스스로 노력해서 모은 재산이 아니므로 마음대로 쓸 자유는 없는 것 아닐까요?

생각열기

● 정의롭다 VS 정의롭지 못하다

1. 지은은 의과대학에 가고 싶었지만 여자라는 이유로 입학을 거절 당했다.

정의롭다 ( )
정의롭지 못하다 ( )

2. 합창단에서 테너 단원을 뽑는데 여자라는 이유로 지은은 뽑히지 못했다.

정의롭다 ( )
정의롭지 못하다 ( )

3. 지은은 입사 시험에서 나보다 점수가 낮은데 사장 조카라는 이유로 합격하고 나는 불합격했다.

정의롭다 ( )
정의롭지 못하다 ( )

4. 지석은 입사 시험에서 나와 점수가 똑같은데 국가유공자 가족이라고 합격하고 나는 불합격했다.

정의롭다 ( )
정의롭지 못하다 ( )

5. 우리 반 친구의 생일 파티에 다른 친구들은 초청을 받았는데 나는 초청 받지 못했다.

정의롭다 ( )
정의롭지 못하다 ( )

6. 나와 지석은 둘 다 신장 투석을 받아야 하는데, 신장 투석기가 하나밖에 없는 상황에서 의사 지시를 충실히 따른 나 대신에 의사 지시를 안 따르고 방탕하게 생활하다가 상태가 악화된 지석에게 먼저 사용권을 준다.

정의롭다 ( )
정의롭지 못하다 ( )

7. 똑같은 폭행죄를 저질렀는데 가난한 지은은 처벌을 받고 부자인 지석은 처벌을 받지 않았다.

정의롭다 ( )
정의롭지 못하다 ( )

학교에서 수행 평가를 할때 모둠별로 점수를 매기면 꼭 불만이 터져 나옵니다. 잘한 사람에게는 그만한 대가를 주고 잘 못한 사람에게는 혜택을 주지 말아야 하는데, 모두가 똑같은 점수를 받으니까요. 노력도 없이 좋은 점수를 받는 친구들이 생기니 불공평하다고 생각하는 거죠. 이처럼 우리는 모두 나름대로 공정함에 관한 기준을 갖고 있습니다. 다음에 제시된 행동들이 정의로운지, 그렇지 않은지 답하면서 여러분이 갖고 있는 '정의'에 대한 생각을 확인해 봅시다.

8. 도로에서 똑같이 과속을 했는데 지은의 차만 단속에 걸리고 지석의 차는 걸리지 않았다.

정의롭다 ( )
정의롭지 못하다 ( )

9. 나는 1등을 했고 동생은 10등을 했는데도 성적이 더 많이 올랐다는 이유로 동생이 더 칭찬 받았다.

정의롭다 ( )
정의롭지 못하다 ( )

10. 회사에서 한 명밖에 승진할 수 없는데 일하는 능력은 좀 떨어지지만 부양 가족이 많은 지은이 승진했다.

정의롭다 ( )
정의롭지 못하다 ( )

11. 국가가 금지하고 있는 종교를 믿는다는 이유로 국가가 내가 소유하고 있는 집을 빼앗았다.

정의롭다 ( )
정의롭지 못하다 ( )

12. 회사 사장인 지석은 직원을 뽑을 때 입사 시험 점수가 더 낮은데도 예쁜 여자를 뽑았다.

정의롭다 ( )
정의롭지 못하다 ( )

13. 편의점을 경영하는 지석은 아르바이트 지원자가 많아 최저임금보다 낮은 시급을 받고도 일하겠다는 직원을 뽑았다.

정의롭다 ( )
정의롭지 못하다 ( )

14. 팬들이 아이돌 그룹의 스타 지은에게 준 선물을 그룹의 다른 멤버들이 강제로 나누어 가졌다.

정의롭다 ( )
정의롭지 못하다 ( )

15. 내가 내 땅에 씨를 심어 수확한 곡물의 일부를 다른 사람이 빼앗아 갔다.

정의롭다 ( )
정의롭지 못하다 ( )

그래,
평등하게 나누는 사회가
정의로운 사회야

받을 만한 것을 받는 정의

'정의正義'라는 말, 많이 들어 봤죠? "저 사람 참 정의로운 사람이
야."라고 말할 때도 쓰고, '정의의 용사'나 '정의의 기사' 같은 표현
으로도 씁니다. '정의의 후레쉬맨'처럼 착한 시민을 구해 주고 나쁜
악당을 혼내 주는 무슨무슨 맨한테도 잘 붙입니다. 이렇게 '정의'는
일상 언어에서도 많이 사용되지만 대개는 개인보다 사회에 대해서
더 많이 쓰는 말입니다. '정의로운 사회'처럼요. 자유와 인권을 억압
하던 80년대 군사정부가 아이러니하게도 '정의 사회 구현'을 구호로
내걸기도 했었지요. 그런데 사회가 정의롭다고 할 때의 정의라는 말
이 개인이 정의롭다고 할 때와 같은 뜻일까요? 나쁜 짓을 하는 사람
들, 다시 말해서 악당들이 있으면 모조리 혼내 주는 사회를 보고 정의
로운 사회라고 할까요?

브라질의 수도 브라질리아 법원 앞의 정의의 여신상. 공정함을 위해 눈을 가리고 있다.

정의의 정의定義를 알아봅시다. 정의는 '받을 만한 것을 받는다■'는 뜻입니다. 나는 의과대학 입학시험에서 합격 점수 이상을 얻어서 합격했습니다. 이것은 내가 받을 만한 것을 받았으니 정의로운 경우입니다. 그런데 지은은 같은 시험에서 합격 점수 이상을 얻고도 불합격했습니다. 여자라는 이유로요. 만약 그런 일이 생긴다면 정의롭지 못하다고 하겠죠. 여자라는 것은 대학에 입학할 때 고려 사항이 아니므로 받을 만한 것을 받은 것이 아니니까요. 우리가 일상생활에서 '정의'라는 말을 쓸 때도 '받을 만한 것을 받는다'라는 뜻이 반영되어 있습니다. 나쁜 악당을 혼내 주면 그 악당이 받을 만한 것을 받게 한 것이니 혼내 준 사람은 정의를 실현한 것입니다. 나쁜 일을 한 사람이 처벌 받는 것을 보고 "저 놈은 그래도 싸다."라는 말을 하지요. 바로 받을 만한 것을 제대로 받았다는 뜻입니다. 이처럼 잘한 일을

■ 받을 만한 것을 받다
영어로는 "You deserve it."
이라고 한다. "너는 그럴
만하다."라는 뜻으로 칭찬
할 때도 쓰고 비난할 때도
쓴다. 친구가 시험에 붙었
다면 "너는 열심히 공부했
으니 그럴 만한 자격이 있
다."라는 의미로, 반대로
시험에 떨어졌다면 "너는
놀기만 하더니 그래도 싸
다."라는 의미로도 쓴다.
다시 말해 "네가 붙은 것
은 정의야." 또는 "네가 떨
어진 것은 정의야."라는 뜻.

한 사람은 칭찬해 주고 나쁜 일을 한 사람을 혼내 주는 행동은 정의 롭습니다. 반대로 잘한 일을 한 사람이 비난을 받고 나쁜 일을 한 사람이 칭찬을 받는다면 정의롭지 못하지요. 또 잘한 사람에게는 그만한 혜택을 주고 잘 못한 사람에게는 혜택을 주지 않으면 그 사회는 정의로운 사회입니다. 반대로 잘한 사람에게 대가가 돌아가지 않고 나쁜 일을 한 사람이 성공하는 사회는 정의롭지 못한 사회입니다. 개인이든 사회든 정의롭다는 말은 비슷하게 쓰이는 것을 알 수 있습니다.

정의라는 말이 생각보다 쉬워 보이죠? 그러나 '받을 만하다'고 할 때 어느 정도가 받을 만한 것인지 모른다는 문제가 뒤따릅니다. 나는 입사 시험에서 합격 점수를 받았습니다. 따라서 입사 허가를 '받을 만합니다'. 그런데 나는 떨어지고 사장 조카는 점수가 나보다 낮은데도 사장 조카라는 이유로 합격했습니다. 이런 일이 일어나면 우리는 당연히 정의롭지 못하다고 생각합니다. 사장 조카라는 것은 입사 허가를 '받을 만한' 성질이 아니라고 생각하기 때문입니다. 그러나 달리 생각해 보면 직원을 뽑는 것은 사장 마음입니다. 그 사장은 자신의 조카가 회사에서 일하면 다른 직원보다 훨씬 더 회사에 충성을 다할 것이라고 생각할 수도 있습니다. 만약 그렇다면 높은 시험 점수가 입사 허가를 '받을 만한' 자격일까요? 꼭 그렇지만은 않은 것 같습니다. 어떤 병원에 신장 투석기가 하나밖에 없다고 가정해 봅시다. 나와 지석은 둘 다 신장 투석을 받아야 하는데 의사 지시를 충실히 따른 나 대신에 의사 지시도 안 따르고 방탕하게 생활하다가 상태가 악화된 지석에게 먼저 사용권을 주었다고 해 봅시다. 나는 약물복용이나 식이요법 등 의사의 지시를 열심히 따랐으므로 내가 치료를 '받을 만한' 자격이 있다고 생각합니다. 그러나 지석은 병세가 악화되어 당장 치료를 받지 않으면 안 되기 때문에 치료를 '받을 만한' 자격이 있다고 주장합니다. 누가 더 '받을 만'할까요?

어떻게 나누어야 정의로운가?

신장 투석기의 사례처럼, 자원의 양이 제한되어 있을 때는 이를 어떻게 나누어야 하는가가 정의의 문제에서 중요한 논점으로 떠오릅니다. 그런데 다 알다시피 이 세상에는 모든 사람의 욕구를 만족시킬 만큼 재화가 충분하지 않습니다. 따라서 한정된 재화를, 그중에서도 인간의 삶에 가장 직접적인 영향을 끼치는 '돈'을 어떻게 나눌까 하는 것이 정의의 문제에서 중요한 논점이 되는 거죠. 앞에서 입학과 입사에서 생기는 정의의 문제를 예로 들었는데 이것도 결국 돈과 관련해서 생기는 문제입니다. 어떤 대학에 입학하느냐, 어떤 회사에 입사하느냐에 따라 수입을 결정하는 조건과 실제 수입이 달라지기 때문입니다. 빌 게이츠의 재산이 60조 원을 넘는다고 하는데 그는 받을 만큼 받는 걸까요, 아니면 너무 많이 받는 걸까요? 88만 원 세대■라는 말이 있습니다. 요즘 젊은이들은 대학을 졸업해도 한 달에 88만 원 정도밖에 못 번다고 해서 나온 말이지요. 이것은 받을 만큼 받는 걸까요, 아니면 너무 적게 받는 걸까요? 우리 사회의 자원은 화수분이 아니므로 한정되어 있습니다. 돈, 먹을 것, 에너지, 일자리, 의료 시설, 집 등의 자원이 누구나 가져다 써도 남아돈다면 정의의 문제는

■ 88만 원 세대
2007년 출간된 우석훈, 박권일의 책 『88만 원 세대』에서 비롯된 말. 아르바이트나 비정규직으로 어렵게 생활하는 20대를 일컫는다. 일본의 '버블 세대', 유럽의 '천 유로 세대', 미국의 '빈털터리 세대'와 유사한 의미이다.

생기지도 않습니다. 결국 그 한정된 자원을 어떻게 나누는 것이 공평한지 묻는 것이 정의의 문제입니다. 일자리는 하나뿐인데 시험 점수가 더 높은 사람에게 주어야 할까요, 아는 사람에게 주어야 할까요? 의료 기기는 하나인데 어떤 사람이 먼저 사용하게 해야 하나요? 돈은 한정되어 있는데 그 돈을 어떻게 나눌까요? 모두 똑같이 나누어야 할까요? 다르게 나누어야 한다면 무슨 기준으로 나누어야 할까요? 일한 결과만큼? 노력한 만큼? 필요한 만큼? 그래서 정의의 문제를 분배적 정의의 문제라고도 부릅니다. '어떻게 나누어야 정의로운가'라는 문제이지요. 이때 '받을 만큼 받는다'는 정의의 뜻은 '공평함' 또는 '공정함'에 가깝습니다. 받을 만큼 받으면 누구나 공평하다고 하니까요.

기회의 균등만으론 부족하다

노비라는 이유로 사람을 마음대로 사고 팔던 시대도 있었고, 여자라는 이유로 아예 학교를 못 다니던 시절도 있었습니다. 우리나라는 이제 그런 사회는 아니지만 아직도 성별이나 인종, 신분에 따라 사람을 차별하는 사회가 지구상에 있습니다. 왜 그런 사회를 정의롭지 못하다고 하는 걸까요? 여자로 태어나거나 어떤 집안에서 태어난 것은 본인이 선택한 일이 아닙니다. 그야말로 우연입니다. 우리가 태어나기 전에 삼신할미가 넌 어떤 집에, 어떤 성별로 태어나고 싶은지 선택하라고 하지 않습니다. 그런데도 여자라는 이유로, 노비의 자식으로 태어났다는 이유로 차별을 받는다면 정말 억울하겠지요. 화장실에서 줄을 잘못 서면 나보다 늦게 온 사람이 먼저 들어가기도 합니다. 그래서 줄을 잘 서야 한다는 말도 있죠. 요즘은 그런 억울함을 줄이기 위해 한 줄 서기 운동을 하기도 합니다. 어느 줄에 섰느냐고 하는 우연적인 요소를 배제하기 위해서입니다. 우연이나 행운은 받을 만한 것을 받게 하는 기준이 아니기 때문입니다.

현재 우리 사회는 그런 우연적인 요소를 많이 배제하고 있습니다. 여자라는 이유로 학교에서 받아 주지 않는 일도 없고, 내가 무슨 일을 할지 결정할 때 부모의 직업이 제한조건이 되지도 않습니다. 이것을 기회의 평등이라고 하지요. 정의는 모든 사람에게 평등하게 기회를 주는 것입니다. 여자든 가난하든 똑같이 대학에 갈 기회, 고시를 볼 수 있는 기회가 주어집니다. 법 앞의 평등도 이와 비슷합니다. 재벌 아들이든 노동자의 아들이든 똑같은 잘못을 저질렀으면 똑같은 처벌을 받습니다. 적어도 법으로는 말입니다.

그런데 이처럼 기회의 평등이 보장된 사회를 주저 없이 정의로운 사회라고 말할 수 있을까요? 여자나 노비는 아예 과거를 볼 수 없었던 조선 시대보다 분명히 정의로워진 것은 맞지만 그것만으로 진정한 정의가 실현된 사회라고 할 수 있을까요? 의과대학을 졸업하고 의사가 된 갑돌이와 대학에 가지 않고 청소부가 된 갑순이를 비교해 봅시다. 갑순이가 여자이고 가난한 집 출신이라고 해서 의과대학에 갈 기회를 주지 않은 것은 아닙니다. 다만 성적이 좋지 않아 가지 못했을 뿐입니다. 열심히 공부한 갑돌이는 의과대학의 입학 허가를 '받을 만했고', 그렇지 못한 갑순이는 '받을 만하지' 못했으므로 정의로울까요? 왜 갑돌이의 성적은 좋고 갑순이의 성적은 좋지 못했는지 생각해 봅시다. 부유한 집안 출신인 갑돌이는 부모의 관심을 받으며 공부를 할 수 있었고 좋은 시설의 학교와 학원에서 공부할 수 있었을 것입니다. 아마 머리도 좋았을 것입니다. 반면에 가난한 집안 출신인 갑순이는 부모가 공부에 관심도 갖지 않았을 것이

인생이라는 마라톤에서 출발선만 같다고 모두 평등하다고 볼 수는 없다.

며, 다니던 학교의 환경도 좋지 않았을 것입니다. 근처에 좋은 학원
도 없었고 있어도 다닐 만한 형편이 안 되었을 테고요. 아마 머리도
그리 좋지 않았을 것입니다. 그러면 그 둘에게 주어진 조건은 처음
부터 똑같지가 않았습니다. 갑돌이와 갑순이의 경쟁은 똑같은 출발
선에서 출발하는 것이 아니라 갑돌이가 한참 앞에서 출발하는 꼴입
니다. 그런데도 "갑순이 너도 열심히 공부했다면 의과대학에 갈 수
있었어."라고 말할 수 있을까요? 기회의 평등이라는 것은 좋은 조건
에서 태어난 사람을 한참 앞에서 달리게 하는 불공평에 지나지 않습
니다. 순전히 어떻게 태어나느냐에 따라 운이 갈리는 사회는 정의롭
지 못합니다.

갑순이가 열심히 노력하면 된다고요? 우리는 실제로 열악한 환경

에서 열심히 노력해서 성공한 사람들의 이야기를 언론을 통해 종종 만납니다. 그러나 그런 사람은 극히 드뭅니다. 흔하면 언론에 보도가 되겠어요? 주어진 조건을 극복하는 일은 그리 쉽지 않습니다. 게다가 노력 역시 선천적인 조건에 좌우됩니다. 갑순이는 실제로 게으르고 공부할 의욕도 없었을지도 모릅니다. 태어날 때부터 부지런한 사람도 있고 태어날 때부터 게으른 사람도 있는데, 부지런한 사람을 칭찬하고 게으른 사람을 비난하는 것은 운 좋은 사람에게 상을 주고 운이 없는 사람에게 벌을 주는 것과 같습니다.

극단적 평등주의를 넘어서

이런 모든 우연을 배제할 수 있는 방법은 무엇일까요? 우선 모든 사람에게 똑같이 분배하는 방법을 생각해 볼 수 있습니다. 의사든 청소부든 급여를 똑같이 주는 거죠. 바로 극단적인 평등주의입니다. 그렇다고 사람들이 똑같아질까요? 그렇지 않습니다. 일단 똑같이 나눌 수 없는 것도 있습니다. 앞에서 예로 든 신장 투석기는 한 대밖에 없으니 나눌 수도 없습니다. 또 돈을 똑같이 나누어 줘도 똑같이 살지 않습니다. 사람들은 돈을 쓰는 능력도 다 다르게 가지고 태어납니다. 어떤 사람은 그 돈을 착실히 저축하거나 투자해서 돈을 불립니다. 그러나 또 다른 사람은 흥청망청 써 버리거나 투자를 잘못해서 쪽박을 차기도 합니다. 돈의 분배만 평등할 뿐 여전히 생활은 불평등합니다. 그리고 사람마다 필요로 하는 게 다릅니다. 한 끼에 두 그릇을 먹어야 배부른 사람과 한 그릇만 먹어도 배부른 사람에게 똑같이 한 그릇씩 준다고 해서 평등하다고 할 수는 없겠죠.

그래서 카를 마르크스▪는 "능력에 따라 생산하고 평등에 따라 분

▪ **카를 마르크스**
Karl Marx
1818~1883. 사회주의 사상가, 경제학자. 자본주의와 사유재산 제도를 비판했으며, 지배계급에게 착취 당하고 고통 받는 노동자인 프롤레타리아 계급이 혁명을 통해 모두가 평등한 공산주의 사회를 만들어야 한다고 주장함. 마르크스의 이론은 실제 사회주의 국가가 건설되고 몰락하는 과정에서 인류사에 커다란 영향을 끼쳤다. 저서로 『공산당 선언』, 『자본론』 등이 있다.

배한다."라는 원칙을 제시합니다. 각자는 지능지수와 같은 타고난 능력에 따라 일을 하지만 보상은 필요에 따라 분배 받는 사회가 정의롭다고 생각한 거죠. 가령 의사는 어느 정도 지적인 능력을 필요로 하므로 머리가 좋은 갑돌이가 하는 것이 효율적이고, 갑순이는 정리정돈을 잘하니 청소부가 적합합니다. 그렇다고 해서 갑돌이가 갑순이보다 더 많은 소득을 가져가서는 안 됩니다. 갑돌이나 갑순이가 필요로 하는 것은 비슷할 테니까 똑같은 소득을 가져가야 합니다. 오히려 갑순이가 한 끼 식사에 밥을 세 그릇은 먹어야 배가 부르는 체질을 가지고 태어났다면, 혹은 부양해야 할 가족이 많다면 갑순이의 소득이 더 높아야 합니다. 이것이 마르크스가 생각한 정의로운 사회입니다.

그러나 마르크스가 생각한 이런 사회에 어떤 문제가 있을지는 금방 짐작할 수 있겠죠? 바로 열심히 노력해야 할 동기가 없어진다는 것입니다. 의사가 되기 위해서는 청소부가 되는 것보다 더 오랜 기간 동안 공부를 해야 하고 각고의 노력도 필요합니다. 된 다음에도 스트레스나 위험부담이 큽니다. 그런데 의사나 청소부나 똑같은 대우를 받는다면 누가 열심히 노력해서 의사가 되려고 하겠습니까? 실제로 마르크스의 이념이 구현되었던 사회주의 국가들은 모두 이런 문제점을 겪고 몰락하고 말았습니다. 사회주의 국가에서는 개인 농장의 수확물이 그보다 몇십 배나 큰 공동 농장의 수확물보다 더 많았다고 합니다. 자기에게 직접적인 이익이 돌아오지 않았기 때문에 대부분의 사람들이 아무런 노력도 하지 않았던 거죠.

그렇다고 평등의 원칙을 버릴 수는 없습니다. 현대사회에서 신분과 성별, 피부색에 의한 차별이 사라졌다고는 하지만, 우연의 산물인 출신 배경은 오히려 점점 더 중요한 역할을 하고 있습니다. 점점 벌어져 가는 빈부 격차가 이를 잘 보여 주고 있지요. 운명의 장난에 기댄 분배는 공정하지 않습니다. 차별과 불평등을 막는 평등의 원칙이 꼭 필요한 거죠.

무지의 장막 뒤에서 우리는 어떤 선택을 할 것인가?

그래서 미국의 철학자 롤스*는 새로운 원칙을 제안합니다. 우선 사람들이 열심히 일해야겠다는 동기를 유발할 정도의 불평등을 허용해야 한다고 생각합니다. 사회주의가 실험한 극단적 평등주의와 달리 자본주의 시장경제 체제를 부정하지 않는 한, 개인의 능력이나 노력에 따라 재화의 분배량에서 어느 정도 차이가 나는 것은 어쩔 수 없다고 보는 거죠. 또 그런 불평등은 바람직하기도 합니다. 그래야 사람들이 더 많은 재화를 얻기 위해 노력하면서 사회가 발전할 수 있으니까요. 그와 동시에 그는 새로운 분배 원리를 요청합니다.

　롤스는 분배의 원칙을 정할 때 사람들이 어떤 모습으로 태어날지 전혀 모른다고 가정해 보라고 합니다. 그 사람들이 있는 곳과 태어날 세상 사이에는 무지의 장막이 드리워져 있다고 상상하는 것입니다. 그 장막은 아주 두꺼워서 내가 저 장막 바깥의 세상에서 남자로 태어날지 여자로 태어날지, 부자로 태어날지 가난하게 태어날지, 재능이 있게 태어날지 없게 태어날지 전혀 모릅니다. 사회가 어떤 모습일지 전혀 모르는, 그야말로 원초적으로 평등한 상황이지요. 이 상황에서 세상의 자원을 어떻게 분배할지 결정한다면, 어느 누구도 우월한 위치에서 결정하지 않으므로 그 합의는 공정할 것입니다.*

　자, 여러분이라면 어떤 선택을 할까요? 부잣집에서 태어나거나 재능을 가지고 태어난 사람에게 자원이 많이 돌아가도록 합의할까

■ 존 롤스, John Rawls
1921~2002, 미국의 철학자. 결과의 평등이 아니라 결과에 이르는 절차와 형식에 초점을 맞추어 자유와 평등 중 어느 하나를 배제하지 않고도 정의로울 수 있는 '공정으로서의 정의', '분배적 정의'를 주장함. 저서로 『정의론』 등이 있다.

■ 절차적 정의
롤스는 분배를 하는 절차가 공정하면 그 절차가 만들어 내는 정의의 원리는 그 내용이 무엇이 됐든 공정할 것이라고 생각했는데 이런 정의를 절차적 정의라 부른다.

요? 이 상황에서 그런 사람들에게 모든 것을 몰아주는 원칙을 채택하자고 하는 사람도 있을 것입니다. "인생 한방이지, 뭐 별 거 있어. 부자로 태어나면 대박이고 가난하게 태어나면 쫄쫄 굶으면 되지." 라고 말입니다. 그러나 그런 비합리적인 사람은 많지 않습니다. 합리적으로 이익을 좇는 사람이라면 불확실한 상황에서 도박을 하기보다는 최악의 시나리오 중에서 그나마 가장 나은 것을 고르는 법입니다. 내가 빌 게이츠의 집안에서 태어나거나 빌 게이츠의 머리를 가지고 태어날지도 모르지만, 빈털터리로 태어나거나 나쁜 머리를 가지고 태어날 가능성도 높기 때문에 누군가에게 모든 것이 돌아가는 상황을 피할 수 있도록 분배의 제도를 만들 것입니다. 그렇다고 해서 완전히 똑같이 나누는, 극단적인 평등주의를 선택하지도 않을 것입니다. 위에서 말했듯이 그런 사회에서는 의사가 되려는 동기부여가 되지 않으므로 의사가 되려는 사람이 적을 텐데, 그 피해는 고스란히 나에게 돌아올 수 있기 때문입니다. 내가 당장 아프면 질 좋은 의료 서비스를 받을 수 없을 테니까요.

그래서 롤스는 원초적 상황이라면 사람들이 어느 정도의 불평등, 곧 차등을 허용할 것이라고 생각합니다. 사회에서 가장 혜택을 못 받는 사람들 ― 가난하게 태어난 사람, 아무 재능도 없는 사람 등 ― 에게도 이익이 돌아가는 경우라면 사람들은 불평등을 인정하지 않을까요? 예를 들어 청소부보다 의사에게 더 많은 보수를 준다면 재능 있는 사람들이 의사가 되려고 노력할 테고 그 결과는 모든 사람을 위한 의료 서비스로 돌아옵니다. 연예인이나 운동선수가 엄청나게 높은 수입을 올리는 사회는 어떨까요? 여러분이 연예인이나 운동선수가 되어 돈을 어마어마하게 벌고 싶은데, 장막 저편의 사람들이 이런 불평등한 사회를 선택해 줄까요? 만약 사회적 약자에게 혜

무지의 장막 뒤에서 우리는 어떤 인간으로 태어날지 알 수 없다.

택이 돌아오는 확실한 제도적 장치가 있다면 이런 사회도 허용될 것입니다. 고수익을 올리는 연예인이나 운동선수에게 세금을 거둬 가장 못사는 사람의 보건, 교육, 행복에 투자하는 거죠. 그래서 가장 가난한 사람이 소득과 부를 똑같이 분배하는 사회에서 살 때보다 더 잘살 수 있다면, 차등이 있을지라도 이 사회는 공정한 사회임에 틀림없습니다. 극단적인 평등주의에서라면 모두들 고만고만하게 살겠지만, 사람들은 그런 무기력한 사회 대신 훨씬 더 활기 넘치는 사회를 선택할 것입니다.

정의는 적극적 평등에서 나온다

우리는 언론의 자유나 종교의 자유 같은 기본적인 권리가 당연히 모든 사람에게 평등하게 돌아가야 한다고 생각합니다. 경제적 권리도 마찬가지입니다. 그러나 평등이 가장 중요한 원칙이라고 해서 극단적인 평등주의를 주장하는 것은 결코 아닙니다. 오히려 반대하는 쪽이지요. 앞에서 보았듯 그것은 실현 가능하지도 않습니다. 소득과 부를 똑같이 분배하자는 것이 아니라, 자신의 이익을 추구하되 사회 구성원 가운데 가장 어려운 사람에게 그 이익의 일부가 돌아가도록 하자는 것입니다. 그것이야말로 진정한 평등 사회가 아닐까요? 부자로 태어나거나 재능을 가지고 태어난 사람은 그 부나 재능을 최대한 살리면 됩니다. 단, 거기서 나온 이득은 그 사회에서 가난하거나 재능이 없는 사람도 누리도록 재분배되어야 합니다. 부잣집에서 태어나거나 재능을 가지고 태어난 것은 순전히 운인데, 그런 운으로 현재의 살림살이가 결정되는 것은 공정하지 못하기 때문입니다. 운이 좋다고 해서 현재의 부를 '받을 만한' 것은 아닙니다. 따라서 그런 행운아들은 자신의 재능으로든 아니면, 세금 납부에 의해서든 불운아들을 돕도록 해야 합니다. 공동체 구성원의 평등을 적극적으로 고려해 소득과 부를 나누는 사회, 그것이 바로 정의로운 사회일 것입니다.

"소득과 부의 분배가 역사적, 사회적 행운에 의하여 이루어지는 것을 허용할 이유가 없는 것과 마찬가지로 타고난 자산에 의하여 소득과 부의 분배가 이루어지는 것도 허용할 이유가 없다." — 존 롤스, 『정의론』에서

아니야,
자유를 침해하면서까지
나누는 것은 정의롭지 못해

자유는 지상에서 가장 소중한 것

우리는 누구나 자유롭기를 바랍니다. 내가 가고 싶은 데를 마음대로 가고 싶어 하고, 내가 하고 싶은 말을 마음대로 하고 싶어 합니다. 또 시험으로부터 자유롭기를 바라기도 하며 부모님의 잔소리로부터 자유롭기를 바라기도 합니다. 어떤 간섭이나 강요를 받기 싫어하는 것은 인간의 본성입니다. 한용운은 「복종」이라는 시에서 "남들은 자유를 사랑한다지마는 나는 복종을 좋아하여요."라고 말하고 있지만, 그 복종도 자유로운 선택에 의한 복종입니다. 자유는 인간을 인간답게 하는 최고의 가치입니다. 가고 싶은 곳에 마음대로 가지 못하고 말하고 싶은 것을 마음대로 말하지 못한다면 우리에 갇혀 있는 동물과 다를 바가 없을 것입니다.

물론 합리적인 의사 판단을 할 수 없는 미성년자일 경우 이러한 자유에 제한을 두는 것은 당연합니다. 성인은 음주나 흡연을 할 때 내 몸을 상하게 할 가능성과 거기서 얻는 즐거움을 저울질해서 결정할 합리적인 판단 능력이 있다고 생각되지만 미성년자는 그렇지 못하다고 생각되므로, 미성년자에게는 음주나 흡연의 자유를 주지 않습니다. 또 아무리 절대적인 자유라고 하더라도 다른 사람에게 피해를 끼치는 경우에는 제한이 따릅니다. 공공장소에서 고성방가를 하면서 표현의 자유를 말할 수는 없으니까요. 그러나 그런 피해를 끼치는 일이 없다면 어떤 형태의 자유라도 막아서는 안 됩니다. 이처럼 성인의 경우 다른 사람에게 피해를 끼치지 않는다면 어떤 형태의 자유든 보장해 주어야 한다고 주장하는 것이 자유 지상주의입니다. 그래서 자유 지상주의에서는 당사자를 제외한 다른 사람들에게는 아무런 피해를 끼치지 않는 행위, 예컨대 안전띠 미착용, 마약 복용, 낙태, 안락사 등에 대한 규제를 반대합니다. 대부분의 국가에서는 국민들의 건강과 생명을 보호한다는 명분으로 그런 행위를 못하도록 법으로 강제합니다.■ 그러나 자유 지상주의자들은 음주와 흡연의 경우처럼 성인이라면 거기서 생기는 위험과 거기서 생기는 이득을 스스로 저울질할 수 있도록 선택의 자유를 주어야 한다고 주장합니다. 내 몸의 건강관리를 어떻게 하든 국가가 신경 쓰지 않는 것처럼, 안전띠나 마약과 관련해서도 개인의 건강과 생명에 관련해 이래라저래라 끼어들 권리는 없다는 것이지요.

재산에 대한 권리를 소유권이라고 합니다. 자유 지상주의는 이 소유권에 대해서도 무한한 자유를 주장합니다. 물론 내 소유 재산으로 인해

■ 온정주의적 간섭
국가가 국민의 생명과 건강을 위해 간섭하는 것을 온정주의적 간섭 또는 부권적 간섭이라고 부른다. 아들딸 잘되라고 챙기는 부모의 마음으로 국민의 선택에 간섭한다는 뜻이다.

다른 사람에게 피해를 끼치지 않는다는 조건이 지켜져야 하는 것은 당연합니다. 훔친 물건인 장물을 소유한다거나 도시 한가운데서 돼지나 독사를 키워 다른 사람의 건강이나 안전을 위험하게 하면 소유권이라도 제한을 받습니다. 그렇지 않을 경우 소유권을 존중하는 것은 자본주의 사회의 근간입니다. 만약 국가가 금지하고 있는 종교를 믿는다는 이유로 내가 소유하고 있는 집을 국가가 빼앗았다고 해 봅시다. 종교가 다르다고 해서 재산을 빼앗기는 것은 민주적인 자본주의 사회에서는 생각도 할 수 없는 일입니다. 만약 개인의 사유재산을 인정하지 않고 공동의 소유로 한다면, 인간의 본성은 빈둥빈둥 노는 쪽을 선택할 것임을 우리는 사회주의 국가의 역사에서 이미 보았습니다. 만약 어떤 국가가 소유권을 인정하지 않는다면 부지런하고 똑똑한 사람은 자신의 능력을 발휘할 수 있는 다른 나라로 떠나 버릴 것입니다. 그런데 사회주의 국가들은 소유권만 인정하지 않는 것이 아니라 이동의 자유까지 제한하는 경우가 많아 '탈출'도 쉽지 않았습니다. 평등이 주는 혜택이 아무리 크더라도 자유를 훼손해서 생기는 혜택은 전혀 달갑지 않습니다. 서울쥐와 시골쥐 이야기를 다들 알고 있지요? 아무리 진수성찬이 있으면 뭐합니까? 마음대로 먹을 수 있는 자유가 없는데요. 자유는 소중한 것입니다. 더구나 자유가 없는 사회에서는 그런 진수성찬도 생기지 않습니다. 모두가 다 빈곤해질 뿐입니다.

"다른 사람에게 해를 끼치는 것을 막기 위한 목적이라면, 당사자의 의지에 반해 권력이 사용되는 것도 정당하다고 할 수 있다. 이 유일한 경우를 제외하고는, 문명사회에서 구성원의 자유를 침해하는 그 어떤 권력의 행사도 정당화될 수 없다." —존 스튜어트 밀, 『자유론』에서

시장의 보이지 않는 손을 존중하라

자유 지상주의 원칙에 따라 돌아가는 시장경제를 자유 시장경제 또는 자유방임주의라고합니다. 경제활동에서 국가의 간섭을 최소화해

개인과 기업의 자유에 맡기자는 주장입니다. 국가가 개인의 사유재산에 어떤 간섭을 할 수 있을까요? 사장이 자신이 투자한 회사에서 직원을 뽑을 때 어떤 직원을 뽑느냐는 사장의 자유입니다. 따라서 사장이 자신의 조카를 뽑거나 예쁜 여자를 뽑았다고 해서 비난 받아서는 안 됩니다. 그런데 우리나라에서는 남녀고용평등법■이라는 법으로, 직원을 뽑을 때 용모나 키 등 신체 조건을 제시하는 것을 금지하고 있습니다. 또 사원의 급여를 얼마만큼 주느냐도 사장의 자유입니다. 그런데 우리나라에는 최저임금법■이라는 것이 있어서 시간당 얼마 이상을 주도록 법으로 강제하고 있습니다. 그렇다면 편의점을 경영하는 사람이 아르바이트 지원자가 많아 최저임금보다 낮은 시급을 받고도 일하겠다는 직원을 뽑았다면 이는 법을 어기는 것이 됩니다. 법을 어긴 것은 맞는다고 하더라도 그것이 정말로 정의롭지도 못한 행동일까요?

자유 지상주의는 남녀 고용 평등법이나 최저임금제가 개인이 재산을 처분할 자유를 침해한다고 생각합니다. 물론 그런 법이 차별 받지 않을 인간의 권리나 인간다운 삶을 살 노동자의 권리를 보장하기 위해서 제정된 것은 사실입니다. 그러나 그런 권리를 지키기 위해서 개인들끼리의 거래와 계약의 자유까지 침해하는 것은 부당합니다. 다른 사람에게 피해를 끼치지 않는 한 자유는 최우선으로 보호되어야 하니까요. 더구나 그런 침해는 자유 시장경제의 순조로운 작동을 방해합니다. 고용주가 능력보다 외모를 보고 채용을 하면 당장은 어떨지 모르지만 장기적으로 보면 그 회사의 경쟁력이 떨어질 수밖에 없습니다. 국가가 강제하지 않아도 합리적인 사람이라면 알아서 능력 있는 사람을 뽑습니다. 한편 최저임금보다 낮은 보수로 고용을 하면 능력이 떨어지는 사람들만 지원하거나 직원들이 열심히 일을 하지 않을 것입니다. 그러니 고용주는 역시 알아서 제값을 지불하고 직원을 쓰게 될 것입니다. 이처럼 모든 사람이 자유롭게 자신의 이익을 추구하도록 완전한 자유가 주어지면 시장의 '보이지 않는 손[■]'이 문제를 자동적으로, 또 효율적으로 해결해 줍니다. 따라서 개인의 자유를 지켜 주는 것이 가장 중요합니다.

누구도 개인의 권리를 침해할 수 없다

평등을 강조하는 사람들은 사회에서 가장 못사는 사람에게 혜택이 돌아갈 때만 불평등이 허용되도록 합의하자고 주장합니다. 그러나 그런 합의를 현실 세계에서 실현하려면 가진 사람의 재산 중 일부를 없는 사람에게 나누어 주어야 합니다. 물론 강제로 빼앗는 것이 아니라 세금이라는 방법을 통해서입니다. 그러나 그런 식의 개입에 모든 사람들이 찬성할까요? 개인의 자유를 중요하게 생각하는 사람들이라면 당연히 반대할 것입니다. 사람들이 자신의 노력으로 번 돈이 모두 자기 것이 아니라는 것을 알게 되면, 어떻게 일하든 상관없이 똑같이 나누어 갖는 극단적인 평등주의에서만큼은 아니겠지만, 그래도 열심히 일할 동기가 줄어들 것입니다. 그러면 시장의 생산성은 줄어들 것이고 사회에서 가장 못사는 사람에게 돌아가는 혜택도 줄어들 수밖에 없습니다. 반면에 무한정의 경제 자유를 허용할 때는 재능 있는 사람들이 동기 유발이 되어 더 열심히 일하게 되고, 일자리가 많아지니 못사는 사람들도 덩달아 예전보다 더 잘살 수 있게 됩니다. 달리 말해, 파이의 크기가 커져서 나눠 먹을 파이가 더 많아지는 것입니다. 비록 잘사는 사람은 나보다 훨씬 많은 양을 가져갈지도 모르지만, 그래도 내가 먹을 양도 평등을 강조할 때보다

■ 보이지 않는 손
18세기 영국의 경제학자 애덤 스미스가 시장의 기능에 대해 비유적으로 사용한 말. 자유경쟁 시장은 생산자와 소비자가 수요와 공급의 균형을 맞추기 위해 스스로 효율적으로 움직이기 때문에 이를 통제하고 계획할 필요가 없다는 뜻. 스미스는 "정의의 법을 위반하지 않는 한 모든 사람은 자신의 방법으로 자신의 이익을 추구하도록 완전한 자유가 주어져야 한다."고 주장했다.

많아집니다.

　자유 지상주의자들은 평등을 실현하려고 국가가 개입하는 시장에서보다 자유 시장경제에서 모든 사람들이 더 잘살게 됨을 강조합니다. 그러나 설령 꼭 그렇게 되지 않더라도 개인의 자유를 침해할 수 없다고 주장합니다. 국가가 됐든 누가 됐든 개인이 열심히 노력해서 번 돈을 마음대로 나누어 가질 권리는 없기 때문입니다. 만약 팬들이 아이돌 그룹의 한 멤버인 지은에게 선물을 주었는데 그룹의 다른 멤버들이 그 선물을 강제로 나누어 가졌다고 합시다. 여러분은 이 사례가 정의롭다고 생각했나요, 정의롭지 못하다고 생각했나요? 지은은 5인조 아이돌 그룹에서 가장 유명합니다. 팬들의 인기를 가장 많이 받고 있는 거죠. 이 그룹이 공연을 하면 지은을 보려고 팬덤들이 구름 떼처럼 몰려듭니다. 그리고 그들은 지은에게 자발적으로 비싼 선물들을 갖다 줍니다. 노래도 잘하고 얼굴도 예쁜 지은이 마음씨까지 착해서 이 선물들을 기꺼이 다른 멤버들과 나누어 갖는다면 아무 문제가 없습니다. 그런데 그게 아니라 그룹의 다른 멤버들이나 소속사가 그 선물을 강제로 나누어 갖자고 한다면 정당한 요구일까요? 그렇게 생각하는 사람은 없을 것입니다. 팬들이 준 선물의 소유권은 지은에게 있습니다. 따라서 그것에 간섭하려는 시도는 그 이유가 무엇이든 지은의 권리를 침해하는 것이 됩니다.

　미국의 자유주의 철학자 노직■은 세금을 걷는 것이 이런 상황과 똑같다고 생각합니다. 내가 1백만 원을 벌었는데 십만 원을 세금으로 내라고 하는 것은 원래 내 것인 그 십만 원을 강제로 빼앗아 가는 것입니다. 내가 1백만 원을 벌기 위해서 열 시간을 일했다면 나를 한 시간만큼 강제로 노동시킨 것과 다를 바가 없습니다. 세금 제도는 노예제도나 마찬가지라고 주장하는 것이지요. 물론 우리 사회에

■ 로버트 노직
Robert Nozick
1938~2002. 미국의 철학자. 자유 지상주의의 철학적 체계를 정립. 자유는 가장 근본적인 인간의 권리이며 국가권력이 개인의 재산권의 자유를 제약해서는 안 된다고 주장. 롤스의 분배적 정의를 비판하며 논쟁했다. 노직은 실제로 1960~70년대 미국의 유명한 농구 선수인 채임벌린을 예로 들었다. 저서에 『아나키에서 유토피아로』 『자유주의의 정의론』 등이 있다.

는 가난한 사람이 많습니다. 내 수입에 세금을 부과해 그 사람들을 도와주면 분명히 도움이 될 것입니다. 그러나 그렇다고 해서 가난한 사람들이 내 수입을 요구할 권리도 없고 국가가 내 수입을 강제로 빼앗아 그들에게 나누어 줄 권리도 없습니다. 나에게 내 재산을 내 마음대로 처분할 자유보다 더 중요한 것은 없습니다. 물론 자유 지상주의자가 그렇게 피도 눈물도 없는 매정한 사람들은 아닙니다. 자유 지상주의 체제와 가장 가깝다고 할 수 있는 미국의 부자들은 실제로 기부를 많이 하여 가난한 사람들을 돕습니다. 다만 세금이라는 명목으로 국가가 강제로 자신들의 수입을 빼앗아 가는 것에 반대하는 것뿐입니다.

내가 소득을 올리는 데는 다른 사람의 도움을 받았기 때문에 그들과 소득을 나누어야 한다는 비판이 있을 수 있습니다. 맞습니다. 아이돌 스타인 지은이 솔로로 데뷔했다면 그만한 인기가 없었을 수도 있습니다. 그러나 다른 멤버들, 그리고 스태프들에게는 공연 수입료에서 이미 정당한 수입이 돌아갔습니다. 뿐만 아니라 지은 때문에 공연을 보러 온 사람들이 많아서 다른 멤버들의 수입도 더 많아졌습니다. 파이가 커진 셈이죠. 그런데도 지은의 선물을 강제로 나누자고 하는 것, 곧 자발적인 기부가 아닌 방법으로 누군가의 수입을 재분배하는 것은 정의롭지 못합니다. 자유를 억압하는 것은 어떤 명분으로도 옹호할 수 없기 때문입니다.

입장 정하기

● 두 글에서 주장의 근거로 제시한 내용을 각각 요약해 봅시다.

● 다음 쟁점에 대하여 자신의 입장을 정하고 근거를 제시해 봅시다.

쟁점1 기회의 평등은 운이 좋은 사람을 한참 앞서 달리게 하는 불공평한 처사이다.

	그렇다	아니다
근거		

쟁점2 동기부여가 없으면 생산성이 낮아진다.

	그렇다	아니다
근거		

쟁점3 재산을 내 맘대로 처분할 자유가 다른 사람의 생존권보다 중요하다

	그렇다	아니다
근거		

● 생각열기에서 정의롭지 않다고 생각하는지 물어 본 사례들 중 일부는 본문에서 다루었습니다. 여러분은 그 의견에 동의합니까? 본문에서 다루지 않은 사례에 대한 여러분의 생각도 말해 보세요.

인간과 사회를 바라보는 두 갈래의 시선

좌파와 우파

좌파와 우파라고 하면 서로 대립하고 갈등하는 이미지가 가장 먼저 떠오릅니다. 이 둘은 무엇이고 어떻게 다르기에 사사건건 충돌할까요? 좌파와 우파는 세상을 바라보는 서로 다른 잣대와 기준을 가지고 있습니다. 그리고 그 기준에 따라 우리 사회의 미래를 좌우할 중요한 정책들을 판단하고 결정하지요. 좌파와 우파를 나누는 기준을 따라가 봅시다.

좌파와 우파의 탄생

좌파, 우파라는 말은 언제 처음 생겼을까? 이 말은 프랑스대혁명의 제헌 의회 시기(1789~1791)에 만들어졌는데, 의장석에서 보기에 왼쪽에 급진파, 오른쪽에 보수파가 자리를 잡았던 역사적 우연에 의해 탄생했다. 우파는 처음에 왕정복고와 신분제 유지, 교회의 교권 부활을 주장했지만 역사의 흐름을 따라 점차 전통과 권위를 존중하고 민족주의를 강조하게 되었다.

시민혁명을 이끌었던 좌파는 전제정치와 신분제도에 반대하고 자유권과 참정권을 주장하는 등 자유민주주의의 기본 이념을 만들어 내었다. 현재의 좌파, 우파는 처음에 좌파로 출발한 자유주의가 19세기 후반 이래 둘로 갈라진 것이다. 개인의 재산권과 경제적 자유를 강하게 옹호하는 입장은 우파로, 개인의 재산권을 존중하지만 시장에 대한 국가의 개입을 강하게 요청하는 입장은 좌파로 나뉘어 발전해 왔다. 그사이 우파의 일부가 극단적으로 우경화되어 파시즘·나치즘이라는 전체주의를 실험했다가 파국을 맞았고, 좌파의 급진적 공산주의자들이 사회주의 국가를 건설했다가 몰락하고 말았다.

| ← 무정부주의 | 사회주의 | 사회민주주의 | 자유주의 좌파 | 자유주의 우파 | 보수주의 | 극우파 | 파시즘 → |

좌우를 나누는 첫 번째 기준, 자유와 평등

가장 전통적인 기준은 '자유와 평등'에 대한 입장이다. 자유보다는 평등에 대한 입장이 둘 사이를 더 선명하게 나눈다. 좌파는 평등의 확대를 주장하는 반면, 우파는 불평등은 불가피하며 오히려 불평등이 긍정적인 작용을 한다고 말한다. 좌파는 대부분의 불평등은 개인의 책임이 아니라 사회적, 구조적으로 만들어진 것이기 때문에 이를 제도적으로 바로잡아야 한다고 말한다. 그러나 우파는 불평등을 평등하게 만드는 과정이 또 다른 차별과 불평등을 낳는다고 주장한다. 자유에 대한 입장은 조금 복잡하다. 일반적으로 정치, 사회, 문화적 측면에서는 좌파가 개인의 자유를 강조하는 반면, 우파는 질서와 전통, 권위를 옹호하는 경향이 있다. 반면 경제적 측면에서는 반대이다. 좌파는 개인의 경제적 자유를 제한할 수 있다고 생각하지만, 우파는 이를 제한해서는 안 된다고 생각한다.

두 번째 기준, 시장과 국가에 대한 태도

우파는 개인의 경제적 자유를 최대한 보장하는 자유 시장경제 체제가 사회의 효율성을 높이고 경쟁에서 이긴 사람들에게 정당한 대가를 돌려주며 가난한 사람들을 부지런하게 만든다고 믿는다. 또 기업과 부자의 세금을 줄이면 이들이 더 많이 투자를 해 일자리가 더 많이 생겨 결국 모두가 더 많은 부를 누리게 될 것이라고 생각한다. 반면 좌파는 시장을 개인들의 자유에만 맡길 경우 빈부 격차가 점점 더 벌어져 양극화가 심화되는 현상을 지적하며 국가가 분배에 깊이 개입해 세금을 많이 거두어 복지 지출을 늘리고 사회적 약자에 대한 보장을 강화해야 한다고 말한다. 이에 반해 우파는 기부와 자선이라는 자발적 책임을 강조한다.

우리나라의 특수한 상황, 분단

우리나라의 경우 분단이라는 특수성 때문에 국가보안법에 대한 지지 여부가 좌우파를 가르는 기준이 되기도 한다. 일제 강점기에 사상은 달라도 함께 저항했던 좌우파가 해방과 분단, 6·25전쟁을 겪으며 서로에게 총구를 겨눈 경험이 있는 데다가 오랜 군사독재와 반공주의로 레드 콤플렉스가 생기기도 했다.

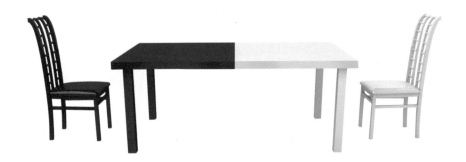

5 혈액형의 과학

그래,

설명과 예측을 잘하는

지식이니까

믿을 수 있어

아니야,

확증과 반증이

불가능하니까

사이비 과학일 뿐이야

● 현대의 가장 믿을 만한 지식은 과학 지식입니다. 그래서 '과학적'이라는 말은 지식의 보증 수표로 통합니다. 광고에서도 신뢰감을 주기 위해 침대는 과학이라고 말하며, 화장품을 광고할 때는 '피부 과학'이라는 말을 씁니다. 심지어 과학인 진화론의 주장과 정면으로 어긋나는 주장을 하는 창조론조차 스스로를 '창조 과학'이라고 부릅니다. 반면에 '비과학적'이라는 말은 믿을 수 없는 지식을 가리킬 때 쓰는 말입니다. 미신이나 점쟁이의 말처럼 과학적인 방법을 사용하지 않아 믿을 수 없는 지식에 우리는 '비과학적'이라는 딱지를 붙이지요. 혈액형 심리학은 과학적일까요 아니면 비과학적일까요? 과학적이라면, 또는 비과학적이라면 어떤 점에서 그럴까요? 어떤 지식을 과학적이라거나 비과학적이라고 구분할 수 있는 특징은 무엇일까요? 과학에는 어떤 특별한 점이 있어서 상식이나 미신에 비해 신뢰를 보낼 수 있을까요? 그 지식이 과연 성립할 수 있는지, 또는 어떻게 해서 만들어졌는지 묻는 것은 철학의 중요한 역할입니다. 그 임무를 수행해 볼까요?

생각열기

앵커   여러분 안녕하십니까? 오늘은 교육 뉴스로 시작합니다. 서울의 한 교육청이 중학교 신입생 참고 자료를 일선 학교에 배부했다가 다시 거둬들이는 소동이 일어났습니다. 강민 기자 연결합니다. 무슨 책자인데 문제가 되었나요?

기자   바로 이것이 신입생의 교과 학습을 돕는다는 취지로 만든 안내 자료인데요, 혈액형에 따라 성격이 다른 만큼 공부하는 방법도 달라야 한다는 내용이었습니다.

앵커   구체적으로 어떤 내용인가요?

기자   A형은 신중하고 성실하니 실현 가능한 계획을 세워 오전 10시부터 오후 4시 사이에 그냥 책을 읽지 말고 직접 노트에 적어 가며 시각적으로 공부하는 게 좋고, B형은 형식에 구애 받지 않는 감각파로 공부방을 어질러 놓고 새벽이나 오후 3시부터 10시 사이에 공부하면 능률이 오른다고 돼 있는 등 혈액형 별로 공부법을 정리한 내용입니다. O형은 칭찬 받을수록 더 큰 힘을 발휘하니 많이 응원하라거나 AB형은 잠자는 시간을 후하게 줘야 한다는 등의 내용도 들어 있습니다.

앵커   흥미롭고 도움이 되는 내용인데 왜 문제가 되었습니까?

기자   과학적 사고 능력과 사실을 가르쳐야 할 교육 당국이 검증되지 않은 내용을, 그것도 과학적 사고력을 가장 중시하는 수학 교재에 실었다는 사실에 항의가 잇따랐는데요, 관계자의 말을 들어 보겠습니다.

'욱하는 성격에 금방 반성도 잘해 예민해 밤잠은 설치고 존심도 강해 황당한 사고에 sometime 진실은 보여'. 노래 〈B형 남자〉의 가사입니다. '이기적인 B형 남자와 소심한 A형 여자의 아슬아슬한 연애모험담'을 카피로 내건 영화 〈B형 남자친구〉도 있지요. 여러분도 새로 친구를 사귀거나 좋아하는 이성 친구가 생기면 혈액형부터 궁금하다고요? 실제 일어났던 일을 바탕으로 만든 가상 뉴스를 읽고 우리 주변의 혈액형 신드롬을 되돌아 봅시다.

교육청	학생들이 자신의 성격에 따라 적절한 공부 방법을 적용하면 당연히 효과가 있지 않겠습니까? 수학이 어려운 과목인데, 딱딱하고 지루하게 느끼기 쉬운 수학 교과를 즐겁게 공부하는 것이 중요하지요. 문제가 없다고 생각합니다.
기자	실제로 학교 현장의 반응을 들어 보겠습니다.
학생 1	이 책에 B형은 "내 뒤에 33명을 만들자."라고 결심하면 의욕이 생긴다고 했거든요? 느낌이 딱 오더라고요. 도움이 되는 것 같아요.
학생 2	저는 잘 안 맞을 것 같아요. 왜냐하면 혈액형하고 제 스타일하고 안 맞거든요.
교사	학생들에게 과학 대신 미신을 믿으라 하는 것과 다를 바가 없어요.
기자	전문가의 말을 들어 보겠습니다.
의사	인간의 성격은 선천적인 요인도 있겠지만 후천적인 요인도 강하게 작용합니다. "난 원래 이런 사람이니까." 하는 식으로 스스로 자신의 잠재성을 무시하고 자신을 좁은 울타리 안에 가둬 버릴 수 있어요.
기자	항의가 잇따르자 교육청이 한발 물러서 책자를 수거해 문제가 된 내용을 고쳐서 다시 배부를 하기로 하고 사건이 일단락되었습니다.

그래,
설명과 예측을 잘하는
지식이니까 믿을 수 있어

혈액형 심리학의 바탕은 의학과 과학

■ 혈액형
ABO식 혈액형은 오스트리아의 병리학자인 카를 란트 슈타이너가 서로 다른 사람의 혈액을 혼합하면 피가 엉기는 성질을 이용, 1901년 처음 밝혀냈다. 이때부터 혈액형의 특성에 대한 연구가 활발히 이루어져 수혈 요법, 친자 확인법 등이 확립됨. 카를 란트 슈타이너는 이 공로로 1930년 노벨상을 받았으며, 1940년엔 Rh인자를 발견했다.

다들 상대방의 혈액형▪을 물어 본적이 있을 겁니다. 혈액 관련된 일을 하는 것도 아닌데, 도대체 혈액형이 왜 궁금할까요? 혈액형과 성격이 관련이 있다고 생각하기 때문이겠지요. 요즘 사람들은 대화 중에 흔히 혈액형을 묻기도 하고 맞추기도 합니다. 어떤 사람들은 혈액형에 따라 성격을 파악하는 것을 '혈액형 심리학' 또는 '혈액형 인간학'이라고 부르기도 합니다. 학문의 경지에 올리는 거지요. 이제는 단순히 성격만 파악하는 것이 아니라, 혈액형 운세, 혈액형 궁합도 나오고, 혈액형별 다이어트법, 혈액형별 경영 또는 정치 스타일까지 등장합니다. 그런데 이처럼 많은 사람들의 관심을 받는데도 혈액형 심리학은 과학이 아니라고 비판하는 사람들이 있습니다. 혈액형 심리학은 정말로 믿을 만한 지식이 못 될까요?

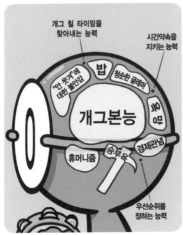
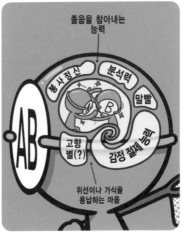

　그렇지 않습니다. 우선 혈액형은 과학자들이 연구한 것입니다. 혈액형은 적혈구의 표면에서 항원 역할을 하는 단백질의 유전적 차이에 기초한 것입니다. 따라서 혈액형이 같은 사람은 유전인자도 같으므로 행동이나 성격도 같을 것이라고 생각할 수 있습니다. 혈액형에 따른 성격 파악은 과학자들의 이러한 연구에 바탕을 두고 있기 때문에 점이나 사주와 달리 과학적인 근거가 있을 것이라고 생각하는 사람들이 많습니다. 어떤 설문 조사에 따르면 우리나라 사람 중 혈액형과 성격이 관련이 있다고 믿는 사람이 82.5퍼센트나 됐다고 합니다. 이렇게 많은 사람이 혈액형 심리학을 받아들이고 있다는 사실은 혈액형 심리학에 뭔가 믿을 만한 내용이 있으리라는 것을 보여 줍니다.

물론 모든 사람의 성격과 혈액형을 하나하나씩 맞춰 볼 수는 없습니다. 그러나 사람의 성격을 혈액형에 따라 대체로 네 가지로 분류하는 것은 옳다고 봐야 합니다. 우리는 남자와 여자의 성격을 구분합니다. 예컨대 남자는 공격적이며 대범하고 여자는 모성애가 강하고 섬세하지요. 지능에서도 남자는 수리 능력이 강하고 여자는 언어 능력이 강합니다. 물론 모든 남자와 여자가 다 그런 것은 아닙니다. 어떤 남자는 여자보다 더 모성애가 강하기도 하고 어떤 여자는 남자보다 더 공격적이기도 합니다. 그러나 평균적인 여자와 남자의 성격은 부정할 수 없습니다. 혈액형에 따른 성격도 마찬가지입니다. 사람들의 성격이 혈액형에 따라 평균적으로 네 가지로 구분된다는 것은 부정할 수 없습니다. 전통 의학인 사상의학■에서도 인간의 체질을 네 가지로 분류하지 않습니까?

혈액형 심리학이 인간의 성격을 대략적이고 평균적으로만 설명하는 것은 이 학문이 아직 초기 단계이기 때문입니다. 앞으로 좀 더 발전하고 정교하게 된다면 각 개인별 성격을 점점 더 정확하게 진단할 수 있을 것입니다.

■ 사상의학 四象醫學
사람들은 저마다 각각 다른 신체적 특징인 체질을 갖고 있는데, 이를 태양인, 태음인, 소양인, 소음인 등 넷으로 나누어 치료하는 한의학. 같은 병이라도 체질에 따라 약과 치료법을 다르게 해야 한다고 말한다. 1894년 이제마가 『동의수세보원』에서 주장했다.

왜 믿느냐고? 잘 들어맞으니까!

사람들은 과학적 지식을 신뢰합니다. 과학적 지식은 다른 종류의 지식, 예컨대 상식이나 미신과 어떤 점에서 다르기에 확실히 믿을 만할까요? 그것은 과학의 법칙이 어떤 현상을 설명하고 예측할 수 있기 때문입니다. 훌륭한 과학 법칙은 우리 주변에서 일어나는 현상이 왜 일어나는지 잘 설명해 낼 뿐만 아니라 앞으로 일어날 일도 예측해 낼 수 있습니다.

그러면 과학적 지식은 어떻게 해서 설명과 예측이라는 기능을 할 수 있을까요? "까마귀는 모두 검은색이다."라는 생물학적 지식을 예로 들어 봅시다. 먼저 우리는 몇 마리의 까마귀에 대한 자료를 수집합니다. 그 까마귀들이 모두 검은색이라는 것을 알고서 "까마귀는 모두 검은색이다."라는 가설을 세웁니다. 그러고 나서 이 가설이 옳은지 그른지 조사합니다. 세계 여러 곳을 돌아다니면서 더 많은 까마귀를 관찰해서 그 가설이 정말로 맞는지 확인하는 거죠. 이런 과정을 일러 가설을 확증한다고 말합니다. 가설이 어느 정도 확증이 되면 "까마귀는 모두 검은색이다."라는 지식은 이제 법칙이 됩니다. 가설을 믿을 수 있는 과학적 지식으로 받아들이게 되는 거죠. 그리고 이 법칙을 통해 새로운 현상을 설명하기도 하고 예측하기도 합니다. 까마귀와 까치를 구분할 줄 모르는 사람에게 이 새는 온통 검은색이므로 까마귀라고 설명하기도 하고, 아직 조사하지 않은 지역에 까마귀가 산다면 그 까마귀도 역시 검은색일 것이라고 예측하기도 하는 것입니다.

혈액형 심리학도 이런 점에서 과학적 지식입니다. 설명과 예측을 잘하니까요. 우리는 주변 사람들의 말에 크게 신경 쓰지 않는 사람을 보고 혈액형이 B형이기 때문에 솔직하고 자유롭다고 설명해 내기도 하고, 어떤 사람이 O형이라고 하면 그가 활동적이고 사교적일 것이라고 예측합니다. 그리고 이 예측과 설명은 잘 들어맞지요. 이처럼 혈액형 심리학은 혈액형에 따른 성격을 조사하고 분류해서 세운 가설인 데다 그 사람의 성격을 보고 혈액형을 예측할 수 있을 정도로 굉장히 많은 사람에게 잘 들어맞으니, 믿을 만한 과학적 지식

© NASA image

목성에서 바라본 태양계의 행성들. 우주 탐사선 보이저호가 전송한 사진을 바탕으로 합성한 이미지이다.

입니다.

　하지만 혈액형 심리학이 사이비 과학이라고 비판하는 사람들이 있습니다. 사이비 과학, 곧 사실은 과학이 아니면서 과학인 척 하는, 가짜 과학이라는 겁니다. 그 까닭은 혈액형 심리학의 가설이 설명과 예측에서 실패하기 때문이랍니다. 그리고 그렇게 실패하는 이유는 충분한 자료를 수집하지 않고 가설을 세우기 때문이고요. 혈액형 심리학이 정말로 사이비 과학일까요? 첫 번째 비판, 곧 설명과 예측에서 실패한다는 비판부터 살펴봅시다.

　혈액형 심리학이 설명과 예측에서 실패한다는 것이 전혀 틀리다고 할 수는 없습니다. 혈액형 심리학은 A형이 소심하다고 말하지만

118

소심하지 않은 A형도 있기 때문입니다. 과학 법칙이라면 모든 현상에 두루 적용되어야 하는데 이렇게 반례가 있으면 법칙이 되지 못합니다. 그러나 이런 실패는 과학적 지식이라고 확실히 인정받은 이론에도 많습니다. 뉴턴[■]의 만유인력 이론이 확립된 과학적 지식이라는 사실은 아무도 부정하지 않을 것입니다. 그런데 이 이론도 확증에 실패한 적이 있습니다. 만유인력 이론에서는 천왕성이 특정한 궤도로 움직일 것이라고 예측을 했는데, 천왕성은 실제로는 그 궤도와 다르게 움직였습니다. 그렇다고 해서 뉴턴의 이론이 틀렸다고 바로 폐기 처분하지는 않았습니다. 그 확증 실패를 설명할 수 있는 다른 방법이 있었기 때문입니다. 르베리에[■]라는 과학자가 천왕성 근처에 있는 알려지지 않은 또 다른 행성이 있어서 그 행성의 중력이 천왕성에 영향을 끼쳤을 것이라는 가설을 세웠습니다. 그리고 그 가설은 결국 참이라고 확증이 되었지요. 그 행성은 바로 해왕성이었습니다. 뉴턴의 이론은 새로운 가설에 의해 참인 이론으로 확증이 되었습니다.

마찬가지로 혈액형 심리학은 지금은 확증이 되지 않았지만 그것이 참임을 보여 줄 수 있는 또 다른 가설이 있을 수 있습니다. 예컨대 어떤 사람이 A형임에도 불구하고 소심하지 않은 사람이 있기 때문에 그 가설은 확증에 실패했다고 했습니다. 그러나 소심하지 않은 A형은 다른 가설에 의해 설명될 수 있습니다. 곧 그 사람은 소심하지 않아 보이지만 그의 무의식에는 소심함이 남아 있다고 말입니다. 그의 무의식에 소심함이 있기 때문에 소심함을 드러내지 않아야겠다고 자신도 모르게 노력하여 소심하지 않게 행동하는 것입니다. 그러면 혈액형 심리학도 잘 확증됩니다.

물론 혈액형 심리학이 물리학 같은 과학보다 설명과 예측을 잘 못하는 것은 사실입니다. 그러나 그것은 역사가 아직 짧기 때문입니

■ **아이작 뉴턴**
Isaac Newton
1642~1727, 영국의 물리학자, 천문학자, 수학자. 만유인력의 법칙, 천체의 운동에 관한 법칙 등을 밝혀내 근대 과학의 초석을 놓음. 오늘날에도 양자역학과 상대성 이론이 필요한 극한 상황을 제외하고 건축에서 우주선 궤도 계산에 이르기까지 뉴턴의 역학 이론이면 충분하다. 저서에 『자연철학의 수학적 원리(프린키피아)』 등이 있다.

■ **위르뱅 르베리에**
Urbain Le Verrier
1811~1877, 프랑스의 천문학자. 목성 주변의 혜성에 관한 연구를 바탕으로 해왕성을 발견함.

다. 과학의 역사를 봅시다. 우리는 과학이라고 하면 흔히 물리학, 화학, 생물학 같은 자연과학을 생각하지요? 자연과학의 역사는 2천 년이 넘습니다. 그러므로 자연과학은 설명과 예측을 성공적으로 아주 잘해내는 법칙을 많이 찾았습니다. 그러나 과학에는 자연과학만 있는 것이 아니라 사회과학[■]도 있습니다. 사회현상을 탐구 대상으로 삼는 사회과학은 그 역사가 2백 년밖에 되지 않습니다. 사회과학의 꽃이라고 하는 경제학을 보세요. 경제학의 경제법칙이 언제나 경제 현상을 정확하게 예측해 냅니까? 만약 그렇다면 경제학자들은 다 부자가 되었겠죠. 경제학이 아직도 설명과 예측을 완벽하게 하지는 못하지만, 그것은 어디까지나 경제학의 역사가 짧기 때문이지 경제학이 과학이 아니기 때문은 아닙니다. 마찬가지로 혈액형 심리학도 아직 그 역사가 짧아서 완벽하게 설명과 예측을 못하는 것뿐이지 사이비 과학이어서 그런 것은 아닙니다.

혈액형 심리학은 사이비 과학이 아니다

이번에는 혈액형 심리학이 자료를 충분히 수집하지 않고 가설을 세운다는 비판에 대답해 봅시다. 자료를 수집하여 가설을 세우는 과정을 귀납 추론이라고 부릅니다. 개별적인 사례들을 모아서 일반화된 진술을 하는 것입니다. 가령 까마귀 한 마리, 한 마리가 검은색인 것을 보고 까마귀가 모두 검은색이라고 일반화하는 과정이 귀납 추론입니다.[■] 그런데 이 귀납 추론은 실제 과학자들이 연구하는 현실과 일치하지

■ 사회과학
사회학 · 정치학 · 법학 · 종교학 · 예술학 · 도덕학 등 인간 사회의 여러 현상을 연구하는 분야. 자연과학의 발전에 영향을 받아 과학적이고 체계적인 방법으로 사회 현상을 연구한다.

■ 연역과 귀납
논리학에서는 전제가 참일 때 결론이 반드시 참인 추론은 연역 추론, 전제가 참이더라도 결론이 참일 가능성은 높지만 반드시 참은 아닌 추론은 귀납 추론이라고 부른다. 개별적인 사례들을 모아서 일반화된 진술을 하는 추론이 대표적인 귀납 추론이다.

않으며, 심각한 논리적 문제가 있다는 비판이 있습니다. 만약 이 비판이 옳다면 과학적 지식은 귀납 추론의 구조로 되어 있지 않고, 이 구조로써 혈액형 심리학이 사이비 과학이라는 비판도 성공하지 못합니다. 이 비판을 두 가지로 나누어서 볼까요?

첫째, 귀납 추론 자체에는 논리적인 문제점이 있다는 비판이 있습니다. 아무리 사례를 많이 모은다고 해도 그 일반화에는 항상 예외가 가능하기 때문에 그렇게 생긴 법칙은 언제든지 틀릴 수 있다는 것입니다. 영국의 철학자 러셀■이 귀납 추론의 문제점을 보여 준 유명한 이야기가 있습니다. 어떤 집에서 칠면조를 기르고 있는데, 집주인은 매일 같은 시간에 칠면조에게 모이를 줍니다. 이런 일이 며칠이고 반복되자 칠면조는 나름대로 귀납 추론을 합니다. "우리 주인은 이 시간에 항상 모이를 주러 오는구나."라고 말입니다. 그리고 이 가설은 그 후로도 계속 들어맞았습니다. 자료를 수집하여 가설을 설정하고 그것을 확증해서 법칙이 된 거죠. 그러던 어느 날 주인이 같은 시간에 들어왔고, 칠면조는 이 법칙을 통해 예측을 합니다. "우리 주인이 모이를 주러 들어왔구나."라고 말입니다. 그러나 어쩌죠? 그날은 모이를 주러 온 것이 아니라 칠면조를 잡으러 온 것이었습니다. 그날이 추수감사절이었거든요. 이렇게 귀납 추론은 자료를 아무리 많이 모아도 거기서 생긴 법칙이 참임을 보장할 수 없다는 문제점이 있습니다.

둘째, 실제 과학자는 자료를 수집해 가설을 설정하지 않는다는 비판이 있습니다. 여러분이 과학자가 되기로 결심했다고 해 봅시다. 위에서 말한 과학적 지식의 구조에 따르면 먼저 자료를 수집해야 합니다. 무슨 자료를 수집해야 할까요? 아무거나? 그런 것은 없습니다. 아마도 여러분이 평소에 관심 있는 것에 관한 자료를 수집하겠

■ 버트런드 러셀
Bertrand Russell
1872~1970. 영국의 철학자, 수학자이자 1950년 노벨 문학상을 수상한 문필가. 정확하고 논리적인 문장의 대가로 논리학, 수리철학, 분석철학에 뛰어났고 사회학, 종교, 교육, 정치, 과학 등에 걸쳐 40여 권에 이르는 저서를 남기는 등 다양한 분야에서 영향을 미쳤으며 반전, 반핵, 평화운동에 나섰던 20세기 실천적 지식인의 대표. 저서에 『철학의 제문제』 『서양철학사』 등이 있다.

지요. 만약 까마귀를 관찰하기로 했다면 평소에 까마귀에 관심이 있었기 때문일 것입니다. 이제 까마귀를 관찰한다고 해 봅시다. 그러면 까마귀의 어떤 점을 자료로 수집해야 할까요? 까마귀의 크기? 까마귀의 울음소리? 까마귀의 먹이? 그중 왜 하필 까마귀의 색깔에 관한 자료를 수집할까요? 아무 생각 없이 까마귀에 관한 여러 자료를 수집하다 보니 검은색이라는 자료도 수집했을까요? 그렇지 않습니다. 평소에 까마귀에 관심이 있었으니 까마귀에 관한 자료를 수집했고, 또 평소에 까마귀의 색깔에 관심이 있다 보니 까마귀의 색깔에 관한 자료도 수집한 것입니다. 다시 말해서 과학자들은 자료를 수집해서 그 결과로 가설을 세우는 것이 아니라, 평소에 가지고 있던 관심에 따라 가설을 먼저 세우는 것입니다. 여기서 '관심'이라는 중립적인 용어를 사용했지만, 그것은 '편견' 또는 '선입견'일 수도 있습니다. 까마귀가 검은색이라는 '관심'은 결과적으로 참이라고 밝혀져서 편견이라고 부를 수 없을지 모르지만, 그것은 어디까지나 결과일 뿐입니다. 모든 가설은 과학자들이 평소에 가지고 있던 생각, 곧 편견에 의해서 생긴 것입니다.

이렇게 가설은 귀납 추론에 의해서 만들어지는 것이 아니라 과학자가 가지고 있는 선입견에 의해 창조되는 것입니다. 그것을 만들어 내는 어떤 기계적인 방법은 없습니다. 따라서 혈액형 심리학이 귀납 추론의 방법을 따르지 않았다고 해서 사이비 과학이라고 비판하는 것은 받아들일 수 없습니다. 혈액형에 따라 성격을 판단하는 것이나 까마귀가 모두 검은색이라고 생각하는 것이나 모두 과학자가 가지고 있는 선입견을 직관적으로 표현한 것일 뿐입니다. 결국 혈액형 심리학을 사이비 과학으로 몰아갈 만한 근거는 없습니다.

아니야,
확증과 반증이 불가능하니까
사이비 과학일 뿐이야

설명과 예측에서 실패하는 혈액형 심리학

혈액형에 따른 성격 파악을 믿는 사람이 많은 것은 사실입니다. 그러나 그만큼 그것이 과학적인 근거가 없다는 주장도 널리 알려져 있습니다. 그런데 그런 주장은 대부분 일단 과학적이지 않다고 단정한 다음에, 과학적이지도 않은데 왜 사람들이 그것을 믿는지 심리적인 설명을 하는 데 그치고 있습니다. 사람들은 모든 사람에게 두루 적용되는 일반적인 진술은 쉽게 믿는다거나 사람들은 무의식적으로 그런 말과 일치되게 행동하는 경향이 있다는 것 등이 사람들이 혈액형 심리학을 믿는 심리적인 이유랍니다.

  그렇다면 여기서는 혈액형 심리학이 왜 과학적 지식이 아닌지를 살펴볼까요? 과학이 특별한 지식으로 인정받는 것은 과학의 법칙이 어떤 현상을 설명하고 예측할 수 있기 때문입니다. 그리고 그 법칙은 자료 수집을 통해서 세워진 가설이 관찰과 실험을 통해 확증될 때 성립할 수 있습니다. 이런 과학적 지식의 구조를 좀 더 자세하게 들여다보면 다음과 같이 되어 있지요.

① 자료 수집
② 가설 설정
③ 관찰과 실험에 의한 가설의 확증
④ 법칙 제시
⑤ 설명과 예측

과학적 지식은 이런 과정을 거쳐서 설명과 예측을 잘해내므로 우리는 거기에 신뢰를 보내는 것입니다. 반면에 그런 설명과 예측을 잘하지 못하면 과학적 지식이 되지 못합니다. 혈액형 심리학을 봅시다. 가령 "A형은 모두 소심하다."라는 주장이 있다고 해 봅시다. 이 주장이 과학의 법칙이라면 소심하다는 사실로 A형과 B형의 차이를 설명해 낼 수 있어야 하고, 어떤 사람이 A형이라면 그 사람이 소심할 것이라고 예측해야 합니다. 그러나 혈액형 심리학은 그러지 못합니다. A형인 사람도 소심할 수 있고, A형이 아닌 사람도 소심할 수 있습니다. 그렇다면 A형인 사람이 소심하다는 것을 제대로 설명한 것이 아닙니다. 또 어떤 사람이 A형이므로 소심할 것이라고 예측했지만, 그 예측이 틀린 경우도 많습니다. 소심하지 않은 A형도 많으니까요. 설명과 예측이라는 가장 기본적인 기능도 못 하는 지식은 과학적 지식이 아닙니다.

왜 혈액형 심리학은 설명과 예측에서 실패할까요? 바로 위에서 말한 과학적 지식의 구조를 따르지 않고 만들어진 지식이기 때문입니다. 먼저 자료 수집(①)을 보죠. 진정한 과학적 지식이라면 상당히 많은 자료를 수집해야 합니다. 여론조사를 생각해 보면 됩니다. "이번 대통령 선거에서 누구를 지지하십니까?"라고 묻는 여론조사를 하면서 사람들 몇 명에게만 질문을 던지지는 않습니다. 보통 500명에서 1,000명이 넘는 사람들에게 조사를 하지요. 이렇게 충분한 자료를 모은 다음에 가설을 세워야 하는데, 혈액형 심리학은 어느 일본 작가*가 주변에 있는 사람 몇 명을 조사한 결과를 책으로 낸 것이 지금까지 퍼졌다고 합니다.

　어찌어찌해서 "A형은 모두 소심하다."라는 가설을 세웠다고 합시다(②). 그러면 그것은 확증의 과정을 통과해야 합니다(③). 그러나 우리 주변을 보세요. 소심한 A형도 있지만 소심하지 않은 A형도 많습니다. 그러면 이 가설은 확증이 되지 않습니다.

혈액형 심리학은 사이비 과학일 뿐

충분한 자료를 수집하지 않고 가설을 세우고, 또 그 가설이 확증이 되지 않기 때문에 혈액형 심리학의 가설들은 법칙이 되지 못합니다. 그러니 설명과 예측 또한 제대로 할 수가 없겠죠. 여기서는 혈액형 심리학을 예로 들었지만, 과학적 지식의 지위에 오르지 못하는 것은 이것뿐이 아닙니다. 사주팔자, 점, 점성술 등과 같은 미신이 대표적이지요. 그래도 그런 미신을 믿는 사람들이 여전히 있습니다. 그런 사람들은 비과학적인 사람들이죠. 그런데 미신은 스스로가 과학이라고 하지도 않고, 그것을 믿는 사람들도 미신을 과학이라고 생각하지 않습니다. 그러나 혈액형 심리학은 미신과 달리 스스로가 과학인 척하고 그것을 믿는 사람들도 과학적인 근거가 있다고 생각합니다.

■ **노미 마사히코**
1925~1981. 일본의 방송작가, 저널리스트. 1970년대 『혈액형 인간학』 등의 책을 통해 혈액형과 성격 사이에 관계가 있다고 주장해 화제를 불러일으킴. 1910년대 후루카와라는 사람이 인종 간에 우열이 있다고 믿었던 독일 우생학의 영향을 받아 주변 사람 319명을 조사해서 쓴 「혈액형에 따른 기질 연구」라는 글을 참고했다고 한다. 전 세계에서 혈액형과 성격의 관계에 대해 관심을 보이는 나라는 일본과 한국뿐이다.

그런 점에서 혈액형 심리학은 사이비 과학입니다.

사이비 과학에는 혈액형 심리학만 있는 것은 아닙니다. 텔레파시, 염력, 천리안 등의 초감각 지각이 존재한다는 주장, UFO나 외계인이 있다는 주장, 사후의 생이 있다거나 윤회를 믿는 주장, 그리고 창조 과학 등이 사이비 과학에 해당합니다. 이것들이 미신에 가깝다고 믿는 사람들도 수맥 찾기, 풍수, 식물이나 무생물에게도 감정이 있다는 주장, 피라미드 안에서는 부패가 되지 않는다는 피라미드 파워 주장 등은 왠지 과학적이지 않을까 생각합니다. 하지만 이것들도 사이비 과학으로 치부됩니다.

우리는 과학과 사이비 과학을 혼동해서는 안 됩니다. 과학과 사이비 과학을 정확하게 구분할 수 있어야 합리적인 사고를 하게 되고 올바른 판단을 할 수 있기 때문입니다. 사이비 과학에 현혹되면 돈과 시간을 낭비하게 됩니다. 꼭 위에서 말한 사이비 과학이 아니더라도 각종 광고를 보면 몸에 좋다는 식품과 보약, 살을 빼 준다는 다이어트 용품, 무조건 예뻐진다는 화장품 광고가 넘쳐납니다. 과학적 지식의 특성을 제대로 이해하지 못하면 그런 광고의 옳고 그름을 정확하게 판단할 수 없게 되어 돈도 낭비하고 더 심각하게는 건강까지 잃게 됩니다.

반박이 가능해야 진정한 과학 이론이다

그런데 과학과 사이비 과학을 구분하려는 시도 자체를 문제 삼는 사람들이 있습니다. 과학적 지식의 중요한 특징인 귀납 추론이 실제 과학자들이 연구하는 현실과 일치하지 않으며 심각한 논리적인 문제가 있다고 주장하면서요. 사실 귀납 추론의 문제는 철학자들에게

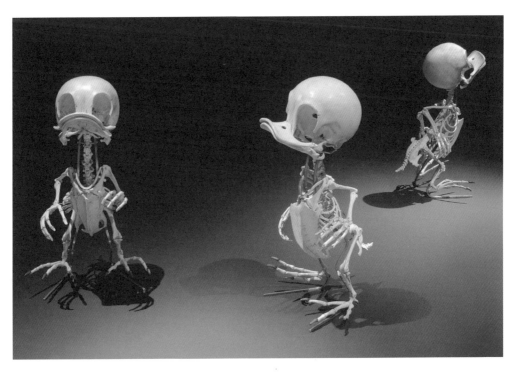

이형구, 〈아나스 아니마투스〉, 2006
만화 캐릭터 '도널드 덕'을 해부학적으로 탐구한 작품. 가상의 캐릭터를 실제로 존재하는
것처럼 착각하게 만들어 사이비 과학을 풍자했다.

도 계속 골칫거리입니다. 귀납의 문제를 해결하려고 시도하는 철학
자들도 있지만 아예 포기하는 철학자도 있습니다. 포퍼▪가 바로 그
렇습니다. 그는 과학의 방법론으로서 자료를 수집하여 귀납 추론에
의해 가설을 세우는 단계를 부정하고, 그 대신에 바로 가설을 설정
한다고 말합니다. 과학자들은 자신이 가지고 있는 관심 또는 선입견
에 의해 과감하게 곧바로 가설을 던진다는 것입니다. 왜 사이비 과
학이 과학이 아닌지는 포퍼의 이론에 의해서 충분히 설명될 수 있습
니다.

▪ **칼 포퍼, Karl Popper**
1902~1994. 오스트리아
출신의 영국 철학자. 과학
적 지식은 합리적인 가설
의 제기와 그 가설에 대한
반증과 비판을 통해 발전
한다는 '비판적 합리주의'
를 주장함. 저서에 『열린사
회와 그 적들』 등이 있다.

지금까지는 가설을 세운 다음에 가설이 확증되는 과정을 그 가설을 지지하는 사례들이 많을수록 그 가설은 법칙이 된다는 방식으로 설명했었습니다. "까마귀는 모두 검은색이다."라는 가설은 실제로 검은색인 까마귀가 많으면 많을수록 옳은 법칙이 된다고요. 그러나 포퍼는 과학 이론은 반증에 잘 견딜수록 옳은 법칙이 된다고 주장합니다. 어떤 이론을 반증한다는 것은 그 이론이 경험적으로 틀렸다고 반박하는 것입니다. 다시 말해서 그 이론이 틀렸음을 보여 주는 사례들이 나타나면 반증되는 것이지요. 예컨대 "까마귀는 모두 검은색이다."라는 이론은 검지 않은 까마귀가 발견되면 반증됩니다. 그러나 이 이론은 지금까지 반증에 잘 견디어 왔습니다. 검지 않은 까마귀는 발견되지 않았으니까요. 반면에 "고니는 모두 흰색이다."라는 이론은 어느 순간까지만 반증을 잘 견디어 왔습니다. 희지 않은 고니가 발견되지 않았으니까요. 그러나 오스트레일리아 대륙이 서양 사람들에게 알려지면서 검은 고니가 있다는 사실이 밝혀졌습니다. 그래서 "고니는 모두 흰색이다."라는 이론은 이제 반증이 되었고, 더 이상 법칙이 아닙니다.

포퍼에 따르면 반증이 가능해야 과학 이론입니다. 그리고 반증에 잘 견디면 좋은 과학 이론입니다. 반증이 되어 버리면 그것은 과학 이론이긴 하지만 좋은 과학 이론은 아닙니다. 다시 말해 "까마귀는 모두 검은색이다."와 "고니는 모두 흰색이다."는 모두 반증이 가능하므로 과학 이론입니다. 이 중 "까마귀는 모두 검은색이다."는 반증을 잘 견디어 냈으므로 좋은 과학 이론입니다. 반면에 "고니는 모두 흰색이다."는 반증이 되고 말았으므로 좋지 않은 과학 이론이지만, 과학 이론은 과학 이론입니다.

그런데 반증이 아예 불가능한 이론들이 있습니다. 그 이론이 틀렸

음을 보여 주는 사례가 있는 것이 아니라, 어떻게 하면 그 이론이 틀렸음을 보여 줄 수 있는지 아예 모르는 경우입니다. 사이비 과학이 바로 그렇습니다. 이것들은 과학적 지식이 될 수 없습니다. 혈액형 심리학을 다시 볼까요? 소심하지 않은 A형이 있으면 이 가설을 반증합니다. 그러나 이러한 반증이 쉽지 않습니다. 까마귀가 어떨 때 검은색인지 아닌지는 누구나 알 수 있습니다. 그러나 사람이 어떨 때 소심하지 않은 건가요? 처음 보는 사람에게 말을 잘 걸지 못하는 게 소심한 건가요? 무슨 일을 할 때 잘 안 되면 어쩌지 하고 생각하는 게 소심한 건가요? 다른 사람이 나를 어떻게 생각할까 궁금해 하면 소심한 건가요? 어떤 게 소심한지 아닌지 구분할 명확한 기준이 없습니다. 그뿐만 아니라 상반되는 행동도 소심하다고 말할 수 있습니다. 가령 불쌍한 사람을 도와주는 행동을 보고도, "자식, 소심하기는. 대범하게 지나치지 뭘 도와주고 그래."라고 말할 수 있고,

도와주지 않는 행동을 보고도, "자식, 소심하기는. 도와주고 싶은데 남의 시선 때문에 못 도와주는구나."라고 말할 수 있습니다. 어떤 행동이든 소심하다고 설명할 수 있다는 것은 아무것도 설명하지 못한다는 뜻입니다.

혈액형 심리학자들은 만약 소심하지 않은 A형이 있다면 사실은 그 사람의 무의식에는 소심함이 남아 있다고 가설을 수정하면 된다고 말합니다. 물론 어떤 가설이든지 수정될 수 있습니다. 다만 그 수정된 이론 역시 반증이 가능해야 과학 이론입니다. 수정된 뉴턴 이론은 천왕성 근처에 또 다른 행성이 있다고 주장하는 것이었습니다. 또 다른 행성이 있는지 없는지는 망원경 등의 장비를 이용한 관찰이나 간접적인 증거를 통해 확인할 수 있지요. 다시 말해서 반증이 가능합니다. 그러므로 그것은 과학 이론으로서 손색이 없습니다. 그리고 그 행성이 있는 것으로 드러났으므로 반증에도 잘 견뎠습니다. 그러나 수정된 혈액형 심리학은 원래 이론보다 반증이 더 어렵습니다. 도대체 어떻게 해야 무의식에 소심함이 있다는 주장이 틀렸음을 보여 줄 수 있는지 알 수 없기 때문입니다. 그 이론에서는 어떤 행동을 해도 저 행동은 무의식적인 소심함 때문에 일어난 것이라고 주장할 테니까요.

이처럼 혈액형 심리학을 구성하는 가설들은 반증이 아예 불가능한 진술들일 뿐입니다. 따라서 혈액형에 따른 성격 구분은 과학이 아니라 사이비 과학입니다. 진정한 과학은 반박이 가능해야 합니다.

● 두 글에서 주장의 근거로 제시한 내용을 각각 요약해 봅시다.

● 다음 쟁점에 대하여 자신의 입장을 정하고 근거를 제시해 봅시다.

쟁점1 혈액형 심리학은 사람의 성격에 대한 설명과 예측을 잘해낼 수 있다.

	그렇다	아니다
근거		

쟁점2 가설은 귀납 추론에 의해 만들어지는 것이 아니라 과학자의 편견에 의해 만들어지는 것이다

	그렇다	아니다
근거		

쟁점3 과학과 사이비 과학은 구분할 수 있다

	그렇다	아니다
근거		

● 혈액형 심리학 외에 사이비 과학에는 어떤 것들이 있을까요? 그 사례들을 찾아보고 그것들이 왜 사이비 과학인지 생각해 봅시다.

그럴듯한 거짓말, 가짜 과학의 세계

과학과 사이비 과학

사이비 과학은 스스로는 과학인 척하지만 사실은 과학적 지식의 지위에 오르지 못한 이론을 말합니다. 이런 이론은 과학적 지식의 특징이라고 할 수 있는 실험과 관찰에 따른 확증 또는 반증을 통과하지 못한 지식이라는 공통점이 있습니다. 이들은 공개적인 재현과 검증을 거부하고 자신들끼리만 같은 주장을 계속 되풀이합니다. 그런데 그런 주장은 대개 호기심을 자극하기 때문에 합리적이지 못한 사람은 쉽게 현혹됩니다. 사이비 과학의 정체를 알아야 속아 넘어가지 않겠죠?

창조 과학

성경에 나와 있는 내용을 비유적인 표현이나 신화로 이해하는 것이 아니라 글자 그대로 역사적인 사실이라고 믿는다. 예를 들어 창조 과학은 신이 우주를 단 6일 동안 뚝딱 만들었고 지구의 역사는 1만 년 밖에 안 되었다고 주장한다. 이는 지구는 약 46억 년 전에 탄생했고 생명체들은 진화에 의해 현재와 같은 모습을 하고 있다는 과학 이론에 정면으로 배치된다. 어느 쪽을 지지하는 증거가 더 많은지를 조금만 생각해 보면 창조 과학이 사이비 과학임을 쉽게 알 수 있다.

음모론

의심하는 사람들이 거의 없는 사건들인데도 실제로는 사람들이 알지 못하는 계획에 의해 꾸며진 것이라고 주장한다. 아폴로 11호선의 달 착륙이 사실은 거짓이라는 음모론이 가장 유명하다. 아폴로 11호가 달에 착륙한 영상은 실제로 달에서 촬영한 것이 아니라 미국의 네바다 사막에서 특수 효과를 이용하여 촬영했다는 것이다. 이런 이론들은 얼핏 들으면 그럴듯하지만, 그 주장이 옳다는 것을 입증할 수 없다. 아폴로 11호가 달에 착륙하지 않았다는 증거는 하나하나 반박할 수 있을 뿐만 아니라 달에 착륙했다는 증거가 압도적으로 많기 때문이다.

초능력

생각만으로 물체를 움직일 수 있다는 염력, 멀리 있는 사람과도 생각을 주고받을 수 있다는 텔레파시, 멀리 있거나 가려져 있는 것을 꿰뚫어 볼 수 있다는 천리안 같은 현상을 말한다. 이것은 마술과는 다르다. 마술은 처음부터 속임수라는 것을 전제하고 사람들을 속이지만, 초능력을 믿는 사람들은 그런 현상이 실제로 존재한다고 주장한다. 그러나 이런 현상이 정말로 존재하는지는 공개된 장소에서 재현을 하면 쉽게 확인할 수 있는데 초능력을 믿는 사람들은 그렇게 하지 않는다.

신과학

기氣나 영혼과 같은 초감각적 지각이 실재한다고 전제하고 그것을 과학적으로 연구하는 자칭 과학을 말한다. 스스로 뉴에이지 과학이라고 부른다. 밥이나 물과 같은 무생물이나 식물에도 감정이 있다는 주장이나 피라미드 안에서는 음식이 부패하지 않는다는 주장이 그러한 예이다. 공인된 과학 공동체 내에서 신뢰성 있는 방법으로 재현을 해 보면 이런 주장이 옳은지 그른지 쉽게 검증이 되는데, 신과학 주창자들은 자기들끼리만 그렇게 주장할 뿐이다.

UFO

미확인 비행 물체로서 외계인이 타고 오는 비행 물체를 말한다. 이것을 목격했다는 증인도 있고 사진도 있지만, 모두 모호한 증언이고 흐릿한 사진들 뿐이다. UFO를 지지하는 과학적 증거는 단 하나도 없다. 단, 지구 밖에 생명체가 살 것이라는 전제 하에 과학적인 방법으로 연구하는 외계 생명체 탐색 프로젝트(SETI)는 사이비 과학이 아니다.

도시의 전설

현대 사회에서 친구의 친구에게 들었다는 식으로 전해 내려오는 이야기를 말한다. 괴담이긴 하지만 아주 황당무계한 것은 아니고 어느 정도의 근거는 갖추고 있다. 그러나 과학적인 근거는 없다. 선풍기를 틀어 놓고 자면 목숨을 잃는다는 이야기가 대표적인 도시의 전설이다.

6 자유의지

그래,

우리에겐

자유의지가 있어

아니야,

모든 건

이미 결정되어 있어

● 1991년 미국 아이오와 대학에서 중국인 대학원생 루강은 교수님과 동료 학생들에게 총을 쏜 후 자살했습니다. 당시 미국의 신문은 이 사건의 주된 원인으로 루강의 인격적 결함을 들었습니다. 그는 사악한 본성의 소유자였고, 원한을 해결하는 데 총이 제격이라고 믿었으며, 남이 자신에게 도전하는 것을 견디지 못했다는 식으로 말이지요. 반면 중국의 신문은 주로 루강을 둘러싼 환경에 초점을 맞추었습니다. 지도 교수와의 불화, 학교 내 과도한 경쟁, 학위 취득에 대한 압박, 총기 구매에 대한 느슨한 규제 등이 사건의 원인이라는 것이죠. 이것이 사실이라면 루강에게만 전적으로 책임을 물을 수는 없습니다. 더 나아가, 이 사건이 누구라도 어쩔 수 없는 상황에서 발생한 사건이었다는 극단적인 가정을 해 봅시다. 이 경우 사건은 루강의 의지와는 무관하기 때문에, 그에게는 아무런 책임도 없지 않을까요? 그런데 미국 신문의 논조대로 인격적 결함이 사건의 원인이라고 해도 사실은 마찬가지일 것입니다. 루강의 인격은 타고난 유전정보와 주어진 성장 환경에 의해 형성된 것이고, 유전정보나 환경은 우리가 어찌해 볼 수 없는 부분이니까요. 그렇다면 거기에는 루강의 의지가 들어갈 여지가 없습니다. 이렇듯 자유의지의 문제는 책임의 문제와 연관됩니다.

나의지　하여간 예나 지금이나 남자들은 지독히도 말을 안 들어요. 좋은 말로 할 때 좀 듣지, 꼭 혼이 나야 속이 후련한가? 아담이 하느님의 말을 들었어 봐. 우리는 '공부'나 '취직' 따위는 들어 보지도 못한 채, 에덴동산에서 맛있는 열대 과일을 먹으며 행복하게 살았을 거 아니겠어?

오결정　글쎄. 이브가 먼저 따 먹고 아담에게 주었다던데?

나의지　지금 그게 중요한 게 아니야. 아담은 선악을 알려 주는 열매를 먹지 않을 수도 있었어. 그리고 아마 아담은 그 열매를 먹지 않는 것이 자신에게 최선이라고 생각했을 거야. 그럼에도 불구하고 아담은 실제로 열매를 먹었잖아. 아담은 의지박약이었단 거지. 허구한 날 게임으로 밤새는 너랑 비슷하지? "딱 한 시간만 하고 공부해야지." 매번 이러면서 시작하잖아.

오결정　으흠, 정말 내가 게임을 딱 한 시간만 하고 그만둘 수 있었을까? 넌 이해 못 하겠지만 사실 난 밤새워 게임할 수밖에 없었다고 봐.

나의지　얘는 참. 너 또 무슨 뚱딴지같은 소리야?

오결정　음, 넌 하느님을 믿는다고 했지?

선악과를 따 먹은 아담과 이브의 이야기를 잘 알고 있지요? 하느님은 아담에게 이렇게 말씀하셨다고 합니다. "선과 악을 알게 하는 나무 열매만은 따 먹지 마라. 그것을 따 먹는 날, 너는 반드시 죽는다." 그러나 둘은 나쁜 친구 뱀의 꼬임에 넘어가 결국 그 열매를 따 먹고, 에덴동산에서 쫓겨나 고생스럽게 일하며 살게 되었지요. 아담과 이브가 선악과를 따 먹지 않았다면 어땠을까요? 그런데 둘은 선악과를 따 먹지 않을 수 있었을까요? 아담과 이브의 이야기를 실마리 삼아 자유의지에 관한 다음의 대화를 따라가 봅시다.

나의지   그래. 그런데 그게 게임이랑 무슨 상관이야?

오결정   내 말은 내가 밤새워 게임을 할 수밖에 없었듯이 아담도 그 열매를 먹을 수밖에 없었다는 거야. 사실 난 하느님을 믿지 않아. 그렇지만 너와의 논의를 위해, 일단 성경에 쓰인 내용이 문자 그대로 참이라고 인정하자. 하느님은 여러 가지 속성을 갖추고 있겠지만, 그중에 모든 것을 알고 모든 것을 할 수 있다는 것을 인정할게.

나의지   당연하지. 전지전능하지 않다면 그 존재를 '하느님'이라고 부를 이유가 없으니까.

오결정   그렇다면 여기서 질문 한 가지. 하느님은 아담이 선악을 알게 해 주는 열매를 먹을 것이라는 사실을 몰랐을까?

나의지   글쎄. 모든 것을 아는 하느님이니까 아마 이미 알고 있었겠지. 하지만 하느님은 아담에게 선택의 자유를 주었고 아담이 끝내 유혹을 뿌리치지 못했던 거잖아. 중요한 건, 아담에게 자유의지가 있었기 때문에 그 의지의 행사에 따른 책임도 온전히 아담의 몫이란 거지. 하느님이 아담의 행위를 정확하게 예측할 수 있다는 것은 아담의 자유의지나 책임과는 무관한 문제라고.

오결정 네 말은 얼핏 들으면 그럴듯해 보이지만, 잘 생각해 보면 정말 모순적이야. 아담이 열매를 따 먹기 전의 어떤 시점 T_1을 생각해 보자. T_1에서 하느님은 아담이 머지않은 장래에 열매를 따 먹으리라는 것을 알아. 이때 안다는 것은 따 먹을 가능성이 높다는 정도의 의미가 아니야. 100퍼센트 확실하게 안다는 거지. 왜? 하느님은 전지전능하니까. 하느님은 과거의 일도, 현재의 일도, 미래의 일도 다 알아. T_1에서 이미 아담에게 다른 가능성은 없었어. 아담이 열매를 먹을까 말까 망설일 수는 있겠지만, 하느님은 이미 그가 망설일 것이라는 것, 그리고 그 망설임 끝에 어떤 선택을 할 것이라는 것까지 모두 알고 있었어. 만약 그걸 알지 못했다면 하느님의 자격이 없어. 다시 말해서 아담의 행위는 T_1에서 이미 다 결정되어 있었다는 거지. 이런 상황에서 아담에게 정말 자유의지가 있었다고 말할 수 있을까?

나의지 으흠, 무슨 말인지 알겠어. 그럴듯한 이야기야. 그렇지만 아담에게, 그리고 우리에게 자유로운 의지가 있다는 것은 굳이 설명할 필요도 없이 확실하잖아. 직관적으로 너무나 명백하다고. 비록 우리가 항상 의지대로 행동할 수 있는 것은 아니라고 해도 말이야. 하지만 전지전능한 하느님을 받아들이는 이상, 지금으로선 네게 반박할 논리가 마땅치 않네. 그렇다면 하느님이 없다고 생각하면 어떨까? 하느님이 없다면 오히려 인간의 의지를 살릴 수 있지 않을까?

오결정 그렇지만 하느님이 없다고 해도 결론은 달라지지 않아.

나의지 그러면 조금 전에는 일부러 하느님과 성경을 인정하고 이야기를 시작했던 거야?

오결정 예리한걸. 나로서는 어느 쪽이건 마찬가지니까. 그럼 이제부턴 하느님에 대해선 생각하지 말자. 그렇다 해도 세상 모든 일에는 그것이 일어나게 된 원인이 있어. 그렇지?

나의지 그래. 너의 궤변에 또다시 말릴 것 같아 불안하긴 하지만, 일단 동의할게.

오결정 궤변이 아니라 진실이기 때문에 네가 인정할 수밖에 없는 거야. 아무튼 세상 모든 일에 원인이 있다면 인간의 행위 또한 마찬가지겠지? 그렇다면 우리가 한 어떤 행위의 원인은 뭘까?

나의지 음, 하나의 행위에 대해서도 무수히 많은 원인들이 있지 않겠어?

오결정 그렇지. 그리고 그것들은 타고난 유전적 요인 아니면 주변 환경적 요인, 둘 중 하나에 속할 수밖에 없을 거야. 이외에 또 어떤 것이 가능하겠어?

나의지 그러니까 내가 지금 슬슬 짜증이 나기 시작하는 게 내 타고난 기질과 너의 교묘한 궤변이 합쳐진 결과란 거지?

오결정 궤변이 아니래도 그러네. 이것 봐. 너의 기질은 네 유전정보와 네가 자라 온 환경에 의해 형성된 것인데, 여기에는 너의 '의지'가 들어갈 여지가 없어. 내 논리 정연한 논변과 너의 '의지'가 아무런 상관이 없음은 두말할 필요도 없고. 결국 너의 짜증 어느 구석에서도 너의 '의지'는 찾을 수 없어. 이런 식으로 너의 모든 행위는 너의 '의지'와 무관해. 내 경우도 마찬가지야. 나는 매일 밤새워 가며 게임을 할 수밖에 없었던 거라고. 여기에 내 의지 따위는 없어. 요컨대 '의지'라는 것이 설사 있다고 한들, 우리의 행위에 아무런 영향을 미치지 못한다면, 자유로운 의지에 따라 어떤 행위를 한다고 생각하는 것은 착각 아니겠어?

나의지 어이가 없구나. 게임을 하는 것이 너의 의지와 무관하다면, 그 때문에 숙제를 안 하는 것도 너의 책임이 아니겠네. 좋아, 그렇다고 해 보자. 그럼 모든 것이 다 결정되어 있는 상태라면, 너와 내가 이런 논쟁을 펼치는 것이 도대체 무슨 의미가 있어?

오결정 이해를 못 한 것 같네. 지금 이런 논쟁을 벌인다는 것, 네가 여전히 내 말을 잘 이해 못 한다는 것, 그리고 내가 너에게 이 순간 바로 이런 말을 한다는 것, 이 모든 것이 이미 다 결정되어 있었다니깐. 이것 외에 도대체 무슨 의미가 있겠어?

그래,
우리에겐
자유의지가 있어

의심할 수 없는 자유의지

우리에게 자유의지가 있다는 것은 부정할 수 없는 사실입니다. 무엇에 대해서 망설이거나 결정할 때 이 점은 분명해집니다. 우리는 중국집에 갈 때마다 자장면과 짬뽕 사이에서 무엇을 시킬 것인지 고민하지요. 자장면을 좋아하는 친구라면 대체로 자장면을 시키겠지만, 간혹 짬뽕을 시킬 때도 있을 거예요. 이때 둘 중에 무엇을 고르라고 누가 강요했나요? 혹은 어떤 것을 선택할지 이미 결정되어 있었나요? 아닙니다. 모두 자기 마음대로 골랐을 뿐입니다. 자장면과 짬뽕 중 하나를 고를 때건, 31가지 아이스크림 중 하나를 고를 때건 마찬가지입니다. 우리는 여러 선택지 중 자신의 의지대로 하나를 택할 수 있고, 행동의 마지막 순간까지도 그 선택을 번복할 수 있습니다. 우리에게 자유의지가 있다는 사실은 너무나 명백해서 사실 더 이상의 증명

이 필요하지 않습니다.

　물론 우리가 어떤 일을 하고 싶다고 언제나 다 할 수 있는 것은 아닙니다. 지금 우리가 이야기하는 자유는 의지의 자유입니다. 다시 말해, 행동으로 옮기기 전, 의지를 행사할 때 누리는 자유지요. 사실 중국집에서 진짜로 먹고 싶은 것은 탕수육인데, 항상 자장면이나 짬뽕만 시킬 수도 있습니다. 왜 그럴까요? 바로 돈이 부족하기 때문이죠. 〈아! 대한민국〉이라는 노래에는 "원하는 것은 무엇이든 얻을 수 있고 뜻하는 것은 무엇이건 될 수가 있어."라는 구절이 있습니다. 하지만 진짜 그런가요? 대학에 가고 싶어도 가난해서 못 가는 학생들이 많이 있습니다. 원한다고 해서 누구나 20대에 대기업 CEO가 될 수 있는 것도 아닙니다. 그러나 탕수육을 먹겠다는 의지, 대학에 가겠다는 의지, 그리고 20대에 대기업 CEO가 되겠다는 의지를 갖는 것은 그 누구도 막을 수 없습니다.

인과적으로 결정되어 있지 않은 내면세계

이렇듯 우리의 내면세계는 자유의지의 적용을 받습니다. 반면 자연, 곧 물질의 세계는 흔히 인과율의 적용을 받는 것으로 여겨집니다. 이것은 모든 일이 먼저 일어난 일들, 즉 원인에 의해서 결정된다는 견해입니다. 근대과학, 특히 뉴턴 역학의 발전으로 인해 이러한 견해는 점점 더 설득력을 갖게 되었습니다. 왜냐하면 뉴턴 역학 체계에서는 초기 조건들과 물리법칙들로부터 어떤 현상 E_1의 발생을 수학적으로 예측할 수 있기 때문입니다. 이때 초기 조건들과 물리법칙들은 원인이 되고 E_1은 결과가 되며, E_1은 또다시 다음 사건 E_2의 원인들 중 하나가 됩니다. 실제로 뉴턴 이후의 과학자들은 핼리혜성의 출현 시기와 경로를, 그리고 기술자들은 미사일과 우주선의 궤도를 계산을 통해 예측했고, 이들의 계량적 예측은 충분히 정확했습니다.

이처럼 물질세계에 한정해서는 인과율을 인정할 수 있습니다. 반면에 영혼, 정신, 마음 등 다양한 이름으로 불리는 우리의 내면세계는 인과의 굴레를 벗어나 있습니다. 세상에는 인과적으로 결정되는 사건들도 있지만, 적어도 우리의 의지는 먼저 일어난 선행 원인에 의해 결정되는 것이 아닙니다. 그리고 우리 행위는 의지의 소산인 경우가 대부분입니다. 의지의 자유를 누릴 수 있기 때문에 우리 인간은 진정으로 자유로운 존재인 것입니다.

자유의지가 있기에 우리는 주체적인 결단을 내리곤 합니다. 모든 것은 마음먹기 달렸다는 말은 상당 부분 진실입니다. 집에 돈이 없

"자기 자신에 따라서만 행동하게끔 결정되는 것은 자유롭다고 한다. 그러나 다른 것에 의하여 특정하게 규정된 방식으로 존재하고 작용하도록 결정되는 것은 필연적이라거나 강제되었다고 한다."
—스피노자, 『윤리학』에서

어서 대학에 가지 못할 수는 있습니다. 그렇지만 노력하면 성적은 충분히 올릴 수 있습니다. 학원 다닐 형편이 안 된다고요? 대학에 수석으로 합격한 학생들은 이구동성으로 학교 수업에만 충실했다고 말합니다. 또 무료 인터넷 강의를 통해서도 훌륭한 선생님들을 만날 수 있습니다. 중요한 것은 노력이며, 이것은 오직 결심하기 나름입니다. 알지만 성격이 원래 산만하거나 게을러서 안 된다고요? 다 핑계에 불과합니다. 정해져 있는 것처럼 보이는 성격도 얼마든지 고칠 수 있습니다. 산만하거나 게으르기를 스스로 원하는 사람은 없을 것입니다. 다만, 개선하고자 하는 의지가 부족할 뿐이겠죠. 의지가 부족하다는 것은 역으로 의지가 존재하긴 한다는 말입니다. 따라서 의지를 발휘할 기회 또한 주어져 있는 것이죠. 아담은 의지가 박약해서 선악과를 따 먹었지만 모두가 아담 같은 것은 아닙니다. 우리는 어려운 환경을 불굴의 의지로 극복한 인간 승리의 소식을 종종 접하곤 합니다. 우리 모두는 능동적 행위자이며, 우리의 정신은 인과율과 무관합니다. 따라서 자기의 결정이나 행위에 대해서는 스스로 책임을 져야만 합니다.

양자역학에 의해 부정되는 인과율

나아가 인과율에 따른 결정론 자체도 문제입니다. 정신적 실체로서의 영혼의 존재를 확신하는 사람들도 많지만, 신경 생물학적 연구 결과에 근거해 그런 정신적 실체가 따로 있는 것이 아니라 마음은 두뇌 상태와 동일하다고 생각하는 사람들도 있습니다. 이렇게 되면, 인과율이 적용되는 단 하나의 세계, 곧 물질세계만이 남게 됩니다. 인간의 자유의지가 개입할 여지는 사라지게 되는 것이죠.

■ **상대성이론**

아인슈타인이 1905년 발
표한 특수상대성이론과
1916년 발표한 일반상대
성이론을 합쳐 부르는 말.
시간과 공간은 관찰자에
따라 상대적이며, 중력이
강한 곳에서는 중력이 약
한 곳보다 시간이 느리게
간다는 등 상식적으로 받
아들이기 힘든 내용으로
상대성이론 때문에 인류
는 시간과 공간에 대한 기
본적인 생각을 바꾸게 되
었다.

■ **양자역학**

20세기 초반 하이젠베르
크, 슈뢰딩거 등이 제시한
새로운 이론으로 우리 눈
에 보이는 세계와는 전혀
다른 원자 크기 이하의 미
시 세계를 다룸. 양자역학
은 우리가 설사 현재 상
태를 완벽하게 알고 있다
해도, 미래 상태에 대해서
는 오직 확률적으로만 예
측할 수 있다고 주장한다.
노벨상을 탄 과학자 리처
드 파인먼이 "나는 현재
이 세상에 양자역학을 제
대로 이해하고 있는 사람
이 단 한 명도 없다고 자
신있게 말할 수 있다."고
단언할 정도로 복잡하고
어려운 이론이다.

만약 최신 과학 연구 결과를 받아들이는 것이 합리적인 태도라면, 영혼에 대한 사람들의 일반적인 믿음을 잠시 유보해 볼까요? 그런데 생물학만 편식해선 곤란하겠죠? 물리학을 볼까요? 현대물리학은 더 이상 결정론적인 뉴턴의 고전역학에 기반하고 있지 않습니다. 상대성이론과 양자역학, 이 둘이 현대물리학의 양대 축입니다. 양자역학에 따르면, 특정 시점의 물리계 상태는 이전 시점의 상태에 의해 완전히 결정되지 않습니다. 측정하기 이전에는 물리계 상태에 대해 우리는 오직 확률적으로만 말할 수 있습니다. 따라서 고전역학이 함축하는 세계관, 곧 현재 상태의 총합이 미래 상태를 결정한다는 주장은 힘을 잃게 됩니다. 결정론은 결정적으로 틀렸고, 세상은 비결정적으로 돌아갑니다. 두뇌 상태 역시 결정론적이지 않은 방식으로 작동할 수밖에 없습니다. 결국 두뇌 상태가 마음이라고 인정하더라도, 우리 마음은 여전히 인과율의 적용을 받지 않게 됩니다. 양자역학의 비결정성은 자유의지의 존재를 과학적으로 입증해 줍니다.

책임은 자유의지의 결정적 증거

자유의지가 있다는 또 다른 증거가 있습니다. 자유의지가 있기에 잘한 행동을 칭찬할 수 있고 못 한 행동은 책임을 물을 수 있기 때문입니다. 앞서 우리는 스스로의 결정이나 행위에 대해서 책임져야 한다고 했습니다. 야구하다 옆집 유리창을 깼으면 마땅히 변상해야 합니다. 대통령 당선자는 공약에 대해, 유권자들은 자신들의 선택에 대해 책임을 져야 합니다. 또한 우리는 누군가의 결정이나 행위에 대해 책임을 묻기도 합니다. 독립운동가는 존경을, 친일 인사는 비난을 받습니다. 그런데 어떤 사람은 일본의 식민 통치 아래서 산 사람

낸시 스페로, 〈포로는 없다 II 〉, 2008
자유의지가 없다면 우리의 삶은 줄에 매달린 꼭두각시와 같다.

들에게 다른 선택의 여지가 없었다는 점을 들어 친일 인사를 변호하기도 합니다. 누군가가 자유롭게 선택할 수 있을 때에만 그의 행위에 대해서 책임을 물을 수 있는데, 일본의 식민 통치는 너무나 엄중하고 가혹해서 조선인들은 저항하려는 생각조차 아예 가질 수 없었다는 것이죠. 쉽게 말해, 자기 탓이 아닌 행위는 비난 받을 이유가 없다는 것입니다. 그렇다면 독립운동은 어떻게 가능했을까 하는 의문은 듭니다만, 역사적 사실 관계의 규명은 역사학자들에게 맡기고 순전히 논리적으로만 따져 보면, 위의 주장에도 일리는 있습니다. 자신의 자유로운 의사와 무관한 행위에 대해서는 아닌 게 아니라 책

"일본의 식민통치는 공식적이었고, 실질적이었고, 혹독했고, 길었다. 그리고 역대 조선 총독들이 모두 일본군 현역 장군들이었다는 사실이 상징하는 것처럼, 일본의 지배에 대한 조선인들의 저항은 아주 작은 깃들도 용납하지 않았다." ―복거일,
죽은 자들을 위한 변호
에서

■ 심신 미약
마음이나 정신의 장애로
사물의 옳고 그름을 가리
는 능력이나 어떤 것을 선
택하고 결정하는 능력이
떨어지는 상태를 말한다.

임을 묻기가 곤란해지니까요. 이는 법과 도덕에 관한 우리의 상식과
도 부합합니다. 예를 들어 심신 미약■으로 사물을 변별할 능력이 없
는 상태에서 저지른 범죄에 대해서는 어느 정도 정상이 참작되기도
하지요.

친일 행위가 자유의지에 의한 것이 아니라고 볼 수도 있겠지요.
그런데 만약 우리의 모든 행위가 다 이런 식이라면 과연 어떤 현상
이 벌어질까요? 자유의지가 없다면, 올바른 행위이건 그릇된 행위
이건 간에 행위자는 그 행위를 하지 않을 수 없습니다. 그렇다면 행
위자에게 주어지는 상 또는 벌, 칭찬 혹은 비난이 도대체 무슨 의미
가 있을까요? 선택에 대해서 책임을 진다는 것은 또 무슨 의미가 있
을까요? 나아가 인생에 무슨 의미가 있을까요? 우리는 결국 꼭두
각시나 로봇과 다름없는 존재에 불과하니까 말입니다. 그리고 우리
의 도덕 체계나 법체계도 무의미한 것이 되고 맙니다. 하지만 우리
가 사는 세상에서 우리는 스스로가 한 일에 책임을 지고 남들이 한
일에 대해 책임을 요구합니다. 상과 벌, 칭찬과 비난, 그리고 우리의
도덕 체계와 법체계는 분명히 의미가 있습니다. 우리가 무책임한 존
재가 아니라는 사실이야말로 자유의지의 존재에 대한 가장 결정적
인 증거인 것입니다.

아니야,
모든 건
이미 결정되어 있어

결정론에 대한 오해

세상의 모든 일은 선행 원인에 의해 결정됩니다. 이 주장이 '결정론'의 핵심입니다. 인간의 행위도, 그리고 심리 상태도 결코 예외가 될 수 없습니다. 이 점에서 앞의 "우리에겐 자유의지가 있다."라는 주장 속의 자유의지론은 옳지 않습니다. 자유의지론을 반박하기에 앞서 결정론에 대한 오해부터 살펴볼까요? 운명론이란 것이 있습니다. 이것은 세상의 모든 일이 미리 다 정해져 있다는 주장입니다. 이에 따르면, 어떤 사람이 운명에서 벗어나려고 아무리 노력해도 결국 그는 자신의 운명에서 단 한 발자국도 벗어날 수 없다고 합니다. 소포클레스▪의 『오이디푸스 왕』이란 비극에는 이런 운명론적인 시각이 잘 나타나 있습니다. 코린토스의 왕자 오이디푸스는 "아비를 죽이고 어미를 범한다."라는 신탁을 받습니다. 그는 이를 피하려고 코

▪ **소포클레스** Sophocles
BC 496~BC 406, 고대 그리스의 비극 작가. 『오이디푸스 왕』은 아리스토텔레스가 "비극의 모든 요건을 갖춘 가장 짜임새 있는 드라마"라고 극찬했을 만큼 걸작으로 평가되며 후대에 많은 영향을 주었다. 작품으로 『아이아스』 『안티고네』 등이 있다.

도미니크 앵그르, 〈오이디푸스와 스핑크스〉, 1808

린토스를 떠나 테베로 가던 중, 시비 끝에 한 노인을 죽이고 맙니다. 당시 테베에는 스핑크스가 사람들을 잡아먹고 있었는데, 오이디푸스는 수수께끼를 풀어 스핑크스를 물리친 후 왕위에 올라 테베의 왕비를 아내로 삼습니다. 그러나 이로써 자신도 모르게 신탁은 이루어집니다. 오이디푸스가 죽인 노인이 다름 아닌 오이디푸스의 아버

지였고, 테베의 왕비가 바로 오이디푸스의 어머니였던 것이죠.

얼핏 보면 결정론은 운명론과 비슷한 주장인 것 같습니다. 그러나 사실 둘은 전혀 다릅니다. 결정론에서는 현재 상태가 달라지면 미래도 달라지지만, 운명론에서는 현재 상태가 어떠하든 미래도 똑같습니다. 미래를 결정하는 데 현재 상태가 전혀 힘을 쓰지 못하는 운명론은 지금 이야기하려는 결정론과는 무관합니다.

많은 사람들은 자유의지가 존재하려면 적어도 사람의 선택이나 결심과 같은 내적인 행위들은 무엇인가에 의해 결정된 것이 아니어야 한다고 주장합니다. 이들은 대체로 세계를 둘로 나누기를 좋아하는 것 같습니다. 인과율이 적용되는 결정론적인 세계와 인과율이 적용되지 않는 비결정론적인 세계, 이렇게 두 가지로 말입니다. 그런데 비결정론이 자유의지를 살릴 수 있을까요? 비결정론적인 세계에서는 오히려 자유의지에 따른 행위가 불가능하게 됩니다. 비결정론은 세상일에 원인이 없다는 주장인데 어떤 행위가 아무런 원인도 갖지 않는다면 자유의지 또한 그 행위의 원인이 아니기 때문입니다. 안데르센의 동화 『빨간 구두』에서 아름답지만 가난한 주인공 카렌이 빨간 구두를 신자 그녀의 발이 제멋대로 움직여 춤을 추기 시작합니다. 이때 카렌은 자유로울까요? 누구라도 그렇게 생각하지 않을 것입니다. 자기가 추고 싶어서 춘 춤은 자유의지에서 비롯된 것이지만, 아무런 원인도 없이 제멋대로 움직여 춘 춤은 자유의지에서 비롯된 것이 아닙니다. 자기 마음대로 행동하는 사람은 그래도 자기의 마음이라는 원인이라도 있지만, 그런 원인마저 없는 비결정론적인 행동은 전혀 자유롭다고 말할 수 없을 것입니다. 원래의 의도와는 달리, 비결정론을 주장하는 것은 자유의지의 존재를 보이는 데에 오히려 방해가 됩니다.

의심할 수 없는 결정론

게다가 무엇보다 비결정론은 틀렸습니다. 자유의지의 존재가 증명이 필요하지 않을 정도로 명백하다고 하지만, 오히려 결정론이야말로 너무나 상식적이어서 더 이상의 논의가 불필요할 정도입니다. 결정론은 이미 수천 년 전부터 사람들에게 받아들여져 왔습니다. "이것이 있으므로 저것이 있고, 이것이 생기므로 저것이 생긴다. 이것이 없으므로 저것이 없고, 이것이 없어지므로 저것이 없어진다."라는 불교 경전 『아함경』의 구절은 결정론의 핵심을 단적으로 말해 주고 있지요.

근대 이후 자연과학이 발전하면서 결정론이 더욱더 힘을 얻게 되었다는 사실은 굳이 더 언급할 필요도 없습니다. 이것은 자유의지가 있다는 것을 주장하는 사람들도 인정하는 점입니다. 그러나 그들은 결정론이 물질세계에만 적용되고 내면세계에는 적용되지 않는다고 생각합니다. 하지만 우리의 행동과 마음도 자연의 일부인데 거기에만 예외가 있을 수 있을까요? 우리의 내면세계를 탐구하는 과학, 예를 들어 심리학이 지금보다 더 발전해서 우리의 행동과 심리를 지배하는 법칙을 완벽하게 설명해 낸다면, 모든 영역에서 결정론이 성립한다는 사실은 분명해질 것입니다.

생각해 보세요. 원시시대 사람들은 나무나 바위에도 영혼이 깃들어 있다고 생각했습니다. 그러나 근대 자연과학의 발전 이후, 물질세계는 자연법칙 즉, 인과율의 철저한 지배를 받는다는 사실이 널리 알려졌습니다. 지금도 많은 사람들이 영혼의 존재를 믿거나, 혹은 영혼을 믿지 않더라도 내면세계는 물질세계와 무언가 다를 것이라고 생각합니다. 그렇지만 신경 생물학과 심리학의 발전은 그런 생각이 잘못이라는 것을 알려 주고 있습니다. 과학이 훨씬 더 발전하면 언젠가는 우리의 내면세계를 지배하는 인과율이 완전하게 드러날 것입니다.

다만, 자유의지 논의에 양자역학을 끌어들이는 것은 문제 해결에 도움이 되지 않습니다. 양자역학의 비결정성이 자유의지의 존재를 증명한다고 주장하는 것은 양자역학을 제대로 이해하지 못한 채 특정한 철학적 해석을 끌어들여 논의를 펼치는 '지적 사기**'**'와 같기 때문입니다. 양자역학은 미시 세계, 즉 지극히 작은 세계에서 일어나는 현상을 다루는 이론입니다. 우리 눈에 보이는 세계는 양자역학과 무관하며 여전히 인과율의 지배를 받습니다. 이 세계에서 우리에게 진정한 자유의지가 있다면, 우리는 여러 선택지 중 하나를 마음대로 택할 수 있어야 하고, 언제든지 그 선택을 번복할 수 있어야 합니다. 하지만 미시 세계에서 발견되는 양자역학의 비결정성은 자유의지의 이런 특징과는 무관합니다.

그런데 혹시 우리가 살고 있는 현실 세계에도 양자역학이 적용된다면 어떨까요? 그렇다면 결정론은 틀리고 비결정론은 옳을까요? 양자역학에서는 확률적인 예측만 가능합니다. 그런데 확률적으로 예측할 수 있다는 것은 예측의 대상이 제멋대로 움직이는 것은 아니라는 것을 말합니다. 즉, 양자역학에서의 확률적인 예측도 넓게는 결정론적인 것으로 보아야 하는 것이지요.

자유의지는 없다!

양자역학마저 넓은 의미의 결정론을 지지하므로, 결정론은 더 이상 의심할 수 없는 진리임이 분명합니다. 남은 문제는 자유의지입니다.

■ **지적 사기**
빈약한 이론을 난해하고 위압적인 용어로 포장해 사람들의 기를 죽이고 명성을 얻는 행태를 꼬집는 말. 프랑스의 물리학자 엘렌 소칼은 그의 책 『지적 사기』에서 현대 프랑스 철학자들이야말로 양자역학의 불확정성의 원리와 괴델의 불완전성의 정리를 마음대로 휘두르며 자신들의 이론을 정당화하는 벌거벗은 임금님이라고 비판하기도 했다.

결정론이 옳으면 우리의 직관과 달리 자유의지는 없습니다. 내가 중국집에 가서 자장면과 짬뽕 중 자장면을 선택했다고 해 봅시다. 나는 내 자유의지로 자장면을 선택했다고 생각합니다. 그러나 과연 그럴까요? 내가 왜 자장면을 선택했는지 그 원인이 있을 것입니다. 가령 메뉴판을 보다가 어제 TV 드라마에서 주인공이 자장면을 맛있게 먹었던 장면이 떠올랐기 때문에 자장면을 시켰던 것입니다. TV 드라마는 왜 봤을까요? 또 무슨 원인이 있을 것입니다. 이런 식으로 내가 자장면을 선택한 사건의 원인을 계속해서 거슬러 올라가 볼 수 있습니다. 그러면 어디까지 갈까요? 나의 어린 시절까지, 아니 내가 태어나기 전까지 가지 않겠습니까? 내가 오늘 자장면을 선택해서 먹은 사건의 원인은 내가 태어나기 훨씬 전부터 결정되어 있었던 것이고, 그렇다면 나는 오늘 자장면을 선택할 수밖에 없었습니다. 다시 말해서 나에게는 자유의지가 없습니다. 결정론이 옳다면 자유의지는 없습니다.

세상의 모든 자연법칙을 다 알고 있는 누군가가 있다고 해 봅시다. 물론 그는 자연 세계를 지배하는 물리법칙뿐만 아니라 내면세계를 지배하는 심리학의 법칙까지 다 알고 있습니다. 그리고 우주에 있는 물리적 대상들의 성질에 대해서도 속속들이 알고 있습니다. 만약 그런 존재가 있다면 사람이 아니라 신이거나 초월적인 존재겠죠. 어쨌든 그 존재는 이 세상에 무슨 일이 일어날지 완벽하게 예측할 수 있겠죠? 우리가 하는 행동까지도요. 우리 행동이 이렇게 예측 가능한 것이라면 우리가 통제할 수 있는 것이 아닙니다. 우리가 지금 한 행동은 자유의지에 의해서 한 것이 아닙니다.

너무나 당연하게 있다고 생각한 자유의지가 없다니 당혹스럽지요? 그러나 우리 인간의 역사에는 당연하다고 생각한 것이 과학의

우리는 어떤 결과를 가져온 사건의 원인을 찾아 계속 거슬러 올라갈 수 있다.

발전으로 거짓으로 드러난 것이 많습니다. 지구는 움직이지 않고 태양이 지구 주위를 돈다거나 지구가 평평하다는 주장을 보세요. 옛날에는 다들 이 주장이 옳다고 생각했지만 이제는 그렇게 생각하는 사람은 없습니다. 그래도 일상생활에서는 여전히 지구가 정지해 있거나 평평하다고 '느낍니다'. 다만 과학적으로 한 번만 생각해 보면 그런 생각이 틀렸다는 것을 알게 됩니다. 자유의지도 마찬가지입니다. 우리는 일상생활에서는 여전히 자유의지가 있다고 '느낍니다'. 그러나 한 번만 과학적으로 반성해 보면, 물론 현재의 과학은 아니고 앞으로 발전할 과학의 힘을 빌려야 하지만, 그런 자유의지는 착각이나 환상에 불과하다는 것을 알게 될 것입니다. 생각열기의 오결정 군의 주장처럼요.

자유의지가 없으면 책임을 물을 수 없다고요? 자유의지에 의해서 한 행동은 어쩔 수 없이 한 행동이므로 책임을 물을 수 없을 것 같습니다. 그러나 자유의지가 없어도 칭찬이나 처벌은 가능할 뿐만 아니라 꼭 필요합니다. 잘못한 사람을 처벌하는 것은 그 사람이 다시는 나쁜 짓을 하지 못하도록 하기 위한 것입니다. 그 사람을 격리함으로써 다른 사람에게도 나쁜 짓을 하는 것을 막기 위해서이기도 하고, 그 사람이 그런 잘못을 저지를 수밖에 없었던 유전적, 환경적 '원인'을 제거하기 위해서이기도 합니다. 이렇게 자유의지에 대해 책임을 묻지 않더라도 얼마든지 처벌이 가능합니다. 어쩌면 누군가를 칭찬하거나 처벌하는 것도 이미 결정되어 있었을 것입니다.

● 두 글에서 주장의 근거로 제시한 내용을 각각 요약해 봅시다.

● 다음 쟁점에 대하여 자신의 입장을 정하고 근거를 제시해 봅시다.

쟁점1 인과율은 자연 세계에만 적용되고 내면세계에는 적용되지 않는다.

	그렇다	아니다
근거		

쟁점2 세상의 모든 법칙과 대상들의 성질에 대해서 알고 있다면, 앞으로 일어날 일을 완벽하게 예측할 수 있다.

	그렇다	아니다
근거		

쟁점3 자유의지가 없으면 책임도 물을 수 없다.

	그렇다	아니다
근거		

● 사람이 스스로 목숨을 끊는 것이 바로 자살입니다. 그런데 자살이란 어쩔 수 없는 상황에 처한 인간의 마지막 선택이라고 주장하는 사람들이 있습니다. "모든 자살은 사회적 타살이다."라는 말의 의미를 생각해 봅시다.

자유의지와 결정론, 둘 다 잡을 수 없을까?

양립 가능론

만약 자유의지가 있다면 결정론은 틀리게 됩니다. 그리고 결정론이 옳으면 자유의지는 없게 됩니다. 자유의지와 결정론은 함께 성립할 수 없는 것 같습니다. 이런 것을 보고 자유의지와 결정론은 양립 불가능하다고 말합니다. 그러나 결정론도 옳은 것 같지만 자유의지도 포기할 수 없습니다. 자유의지도 존재하고 결정론도 옳다는, 다시 말해서 그 둘이 양립 가능하다는 주장은 없을까요?

자유의지로 사 먹는 빵

영준은 조금 전 매점에 가서 빵을 샀다. 왜냐고? 출출해서 무엇인가 먹고 싶어졌기 때문이다. 영준은 빵이 자신의 허기를 충분히 달래 주리라 믿었다. 영준은 평소에도 빵을 좋아했으며, 마침 빵을 사 먹을 수 있는 돈도 갖고 있었다. 이외에도 여러 가지 이유가 있어서 빵을 사 먹게 된 것이다. 그렇다고 해서 영준에게 자유의지가 없었을까? 아니다. 왜냐하면 영준은 빵 대신 컵라면을 사 먹을 수도 있었고, 배고픔을 참고 아무것도 안 사 먹을 수도 있었기 때문이다. 물론 그 경우에도 역시 나름대로 이유는 있었을 테지만 말이다. 반면, 영준의 친구 일진이가 빵을 사 오도록 시켜서 어쩔 수 없이 빵을 사다 주었다면 그때 영준에게 자유의지는 없었다. 억지로 강요 받은 행동에 자유의지가 없는 것은 당연하다. 이것이 우리의 상식적인 판단이다.

자유의지와 모순 관계에 있는 것은 강제

논의를 전개하기 위해서는 논의에 나오는 주요 개념들을 명확히 하는 일이 꼭 필요하다. 사실 "결정론이 성립하는데도 인간에게 자유의지가 존재하는가?"라는 문제는 진정한 문제가 아니다. 이 문제는 우리가 말을 불명료하게 써서 생겨난 사이비 문제, 즉 가짜 문제에 불과하다. 따라서 몇몇 용어들의 의미에 대한 오해만 풀린다면, 문제 또한 저절로 풀린다. '모순 관계'와 '반대 관계'라는 것이 있다. '희다'와 모순 관계에 있는 것은 '희지 않다'이고, 반대 관계에 있는 것은 '검다'이다. 모순 관계에 있는 것들 중 어느 하나가 옳으면 다른 하나는 그를 수밖에 없다. 반면, 반대 관계에 있는 것들은 둘 다 옳을 수는 없지만 둘 다 그를 수는 있다.

사람들은 자유의지와 모순 관계에 있는 것이 결정론이라고 생각해서 자유의지와 결정론은 양립 불가능하다고 믿었다. 결정론이 옳으면 자유의지가 없다고 생각한 것이다. 그러나 영준이 빵을 사는 행동에서 분명히 알 수 있듯이, 자유의지와 모순 관계에 있는 것은 결정론이 아니라 강제 혹은 억압이다. 영준이 빵을 산 이유가 있지만 그렇다고 해서 강제로 빵을 산 것은 아니다. 빵을 산 이유가 있다는 것은 결정론이 성립한다는 이야기이고, 강제로 빵을 산 것이 아니라는 것은 자유의지가 있다는 이야기이다. 세상의 모든 행위는 자유의지에 의한 행위와 강제된 행위로 나눌 수 있다. 자유의지에 의한 행위가 분명히 있다. 그리고 자유의지에 의한 행위든 강제된 행위든 그 행위를 유발한 원인은 언제나 존재한다. 그것이 바로 결정론의 주장이다. 따라서 자유의지와 결정론은 얼마든지 양립 가능하다. 자유의지 개념에 얽힌 혼란을 극복하고 나면 자유의지는 아무것도 아니다.

우리가 책임져야 할 것들

자유의지와 결정론은 얼마든지 양립할 수 있으므로, 강제되지 않은 행위, 즉 자유의지에서 비롯된 행위에 대해 책임을 물을 수 있다는 사실도 명백하다. 얼마든지 다른 방식으로 행동할 수 있었기 때문이다. 다만 강제나 협박에 의한 행위에는 책임을 물을 수 없다. 다른 방식으로 행동할 수 없었기 때문이다. 매점 출입을 금지했는데도 영준이 자발적으로 빵을 샀다면 그를 비난할 수 있지만, 강요에 의해서 빵을 샀다면 비난할 수 없을 것이다. 결정이나 행위에 원인이 있다는 것과 그 결정이나 행위에 대해 책임을 져야 한다는 것은 아무 상관이 없다.

7 생각하는컴퓨터

그래,
컴퓨터는
생각할 수 없어

아니야,
컴퓨터는
생각할 수 있어

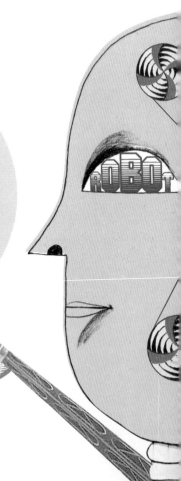

● 인간이 이룩한 기계문명의 발달 속도는 점점 빨라지고 있습니다. 그중 컴퓨터의 발달은 정말 눈이 부실 정도입니다. 나날이 처리 속도가 빨라지고 기억용량이 커지고 있지요. 그러나 이보다 더 놀라운 것은 이전에는 인간만이 할 수 있던 작업들을 컴퓨터가 어느새 수행하고 있다는 사실입니다. 컴퓨터는 사람의 얼굴과 목소리와 필체를 인식합니다. 자동차의 고장을 진단해 주고 처치를 해 줍니다. 사람보다 체스를 더 잘 두게 된 지는 벌써 10년이 넘었습니다. 심지어 스스로 학습하는 컴퓨터도 있습니다. 이러다가 언젠가는 컴퓨터가 사람처럼 생각할 날도 오지 않을까요? 적절한 인공지능 프로그램만 갖춰진다면 말이죠. 이미 인공지능이란 분야가 탄생한 지도 50년이 넘었고, 뛰어나고 성실한 연구자들이 오늘도 밤을 새워 가며 연구를 하고 있으니까요. 그런데 아무리 기술이 발달해도 컴퓨터는 원칙적으로 생각할 수 없다고 주장하는 사람들도 있습니다. 이들은 도대체 어떤 근거에서 이런 주장을 펴는 것일까요?

생각열기

호림　아예 이번 기회에 노래를 만들어 주는 컴퓨터 프로그램을 사자. 우리가 원하는 주제만 알려 주면, 자기가 알아서 그 주제에 어울리는 노래를 척척 만들어 내는 작곡 프로그램 말이야. 물론 프로그램을 사는 데 돈이 많이 들겠지만, 길게 보면 그래도 이게 더 이익이야. 작곡 프로그램이 없다면 음반 낼 때마다 작곡가들에게 돈을 줘야 할 텐데, 그걸 어떻게 감당하겠어? 우리가 한두 번 노래 부를 것도 아니고.

봉수　좋은 생각이긴 한데, 그런 프로그램이 진짜 있을까?

호림　분명히 있어. 생각해 봐. 아폴로 11호가 달에 도착한 게 1969년이야. 그때도 이미 인류의 기술 수준은 높았어. 그리고 휴대폰을 봐. 20년 전엔 휴대폰을 가진 사람, 월드 와이드 웹을 쓰는 사람은 극히 드물었다. 지금은? 웹 검색 정도는 스마트폰에서 기본적인 기능이야. 그만큼 기술의 진보는 빨라. 그에 비해 디지털 컴퓨터는 언제 처음 나왔는지 알아? 최초의 컴퓨터 에니악이 등장한 게 무려 1946년이라고. 그때부터 지금까지 컴퓨터 과학자들은 생각하는 컴퓨터, 즉 인공지능을 연구해 왔어. 그런데 아직까지 그깟 작곡 프로그램 하나 없다는 게 말이 돼? 세계 체스 챔피언도 체스 프로그램을 이기지 못한 지 오래되었다고.

봉수　네 말이 옳은 것 같아. 그렇다면 슈퍼스타 AI는 너무나 불공평해. 작곡 프로그램을 갖고 있는 참가자들에게 너무 유리하잖아. 누가 더 뛰어난 프로그램을 갖고 있느냐가 우승자

귀찮은 일을 누군가 대신 해 주면 참 좋겠죠? 그래서 사람들은 이런저런 기계를 발명했습니다. 빨래는 세탁기가, 설거지는 식기 세척기가, 그리고 청소는 로봇 청소기가 알아서 하는 편리한 세상입니다. 작곡처럼 머리를 써야 하는 일도 기계가 척척 해 준다면 얼마나 좋을까요? 호림과 봉수는 오디션 프로그램인 슈퍼스타 AI에 참가하려고 합니다. 'AI'는 '조류독감'인 'Avian Influenza'의 약자로, 여기서 선발된 뮤지션은 조류독감 예방을 주제로 한 홍보송을 부르게 된다네요.

를 결정하게 될 거야. 결국 값비싼 프로그램을 살 수 있는 돈 많은 집 애들에게만 유리한 대회가 될 거라고. 우리가 사 봐야 얼마나 좋은 프로그램을 사겠어.

호림　　나도 좀 의심이 들어. 조류독감을 내세우는 것도 수상해. 어쩌면 사람들을 속이고 있는 것일지도 몰라. 너 '인공지능'이 영어로 뭔지 알아? 'Artificial Intelligence', 바로 'AI'라고. 조류독감 예방 홍보를 담당할 뮤지션을 뽑는다는 건 명분일 뿐이야. 사실은 '슈퍼스타 AI'라는 이름 그대로 가장 뛰어난 인공지능 작곡 프로그램을 뽑는 거라고.

봉수　　그런데 인공지능 작곡 프로그램이라면 정말로 생각할 수도 있을까?

호림　　우리가 작곡 프로그램을 구입했다고 하자. 그리고 이 프로그램을 잘 조작해서 모차르트를 흉내 낸 곡을 만들게 했어. 만약 클래식 전문가가 이 곡을 들은 후 "이런, 내가 모르는 모차르트의 곡이 있었나? 아니면 모차르트의 미공개 악보가 새로 발견되었나?" 라는 고민을 하게 된다면, 우리 프로그램은 적어도 음악과 관련해서는 모차르트 정도로 생각한다고 봐야 하지 않을까?

봉수　　잘 모르겠는걸. 프로그램이 생각한다고 말하는 건 어쩐지 꺼림칙해. 그렇다고 생각하는 게 아니라고 말할 이유도 없는 것 같고. 어쨌거나 중요한 건 이제 인공지능 프로그램 없이는 음악도 못 하는 서글픈 세상이 왔다는 사실이군.

그래,
컴퓨터는
생각할 수 없어

상상 속의 그대, 생각하는 컴퓨터

작곡 프로그램이 정말 있을까요? 무엇을 작곡이라고 보느냐에 따라 답은 달라집니다. 스타일, 길이, 템포 등을 정해 주면 자동으로 음악을 만들어 내는 프로그램은 있습니다. 그렇지만 그런 프로그램 때문에 작곡가라는 직업이 사라지진 않았죠. 결국 사람처럼 창의적이고 개성 있는 음악을 작곡하는 프로그램은 없다는 거죠. 번역 프로그램도 마찬가지입니다. 요즘은 번역 프로그램을 웹에서 공짜로 이용할 수 있습니다. 써 보신 적 있으시죠? 아쉬운 대로, 그럭저럭 쓸 만합니다. 그렇지만 번역기에 돌린 글을 그대로 숙제로 제출하는 학생들은 설마 없겠지요? 번역기가 있어도 번역가라는 직업은 아직 건재합니다.

  아직 그 수준이 만족할 만큼은 아니라 해도 각종 지능형 시스템은 이미 일상에서 유용하게 사용되고 있습니다. 냉장고, 전기밥솥, 에

David is 11 years old.

He weighs 60 pounds.

He is 4 feet, 6 inches tall.

He has brown hair.

His love is real.

But he is not.

A.I.

스티븐 스필버그 감독, 〈A.I.〉, 2001

■ 퍼지 이론

퍼지(puzzy)란 '애매모호한'이란 뜻으로, 흑과 백 사이에 여러 농도의 회색을 설정하듯 불확실한 상태를 수학적으로 표현하고 처리해 인간의 확실치 않은 판단을 흉내 내도록 하는 이론. 에어컨의 온도 조절 장치, 세탁기의 세탁 코스를 정하는 장치부터 비행기와 로봇에 이르기까지 많은 제품에 활용되고 있다.

■ 카오스 이론

카오스(chaos)란 마구 뒤섞인 상태인 '혼돈'을 가리키는 말로, 겉으로는 불규칙해 보이지만 나름대로 질서와 규칙을 가진 현상을 설명하려는 이론. 브라질에 있는 나비의 날갯짓이 텍사스에 토네이도를 발생시킬 수 있다는 나비효과가 대표적임. 날씨 예측, 주식 가격의 변화처럼 자연과학, 정치, 경제, 의학, 예술 등 다양한 분야에서 활발한 연구가 이루어지고 있다.

어컨, 카메라, 자동차 등에 인공지능 기술이 활용됩니다. 심지어 퍼지 이론▪이나 카오스 이론▪이 쓰인다는 세탁기 광고도 있었지요. 내가 좋아하는 동영상을 유튜브는 신통하게도 알아서 추천해 줍니다. 또 아직까지 자동 운전은 비행기에서나 가능하지만 조만간 스스로 운전하는 자동차가 등장할지도 모릅니다. 드라마 〈전격 Z작전〉에 나오는 키트처럼 말이죠. 키트는 운전만 잘하는 게 아니라 심지어 주인공과 대화도 한답니다.

인공지능이 계속 발전하다 보면, 언젠가는 사람처럼 말하고 행동하는 컴퓨터 혹은 로봇이 출현하지 않을까요? 사람들은 꽤 오래 전부터 그런 로봇을 상상했습니다. 〈2001 스페이스 오디세이〉, 〈터미네이터〉, 〈A.I.〉, 〈아이, 로봇〉과 같은 영화에는 사람 같은 로봇이 등

| 디지털 컴퓨터 블럭도 |

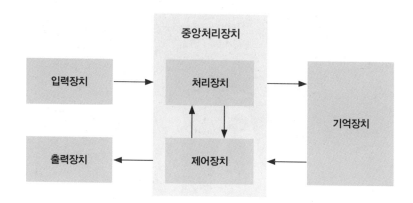

장합니다. 영화 〈A.I.〉에 나오는 데이비드의 겉모습과 행동은 인간 어린이의 그것과 똑같습니다. 심지어 데이비드는 두려움이나 사랑 같은 감정까지 갖고 있는 것처럼 보입니다. 그런데 데이비드는 진짜로 생각할 수 있을까요? 생각하는 것처럼 보이는 것과 실제로 생각하는 것은 완전히 다릅니다. 아무리 기술이 발전한다고 해도, 현재와 같은 방식의 컴퓨터 혹은 로봇은 결코 생각할 수 없습니다. 붕어빵이 붕어를 닮았다고 해서 헤엄칠 수는 없는 것과 마찬가지로 말이죠. 왜 그런지 알기 위해서는 먼저 컴퓨터란 무엇이고 그것이 어떻게 작동하는지에 대해서부터 알아볼 필요가 있습니다. 철학을 잘하기 위해서는 과학도 잘 알아야 하지요.

현대 디지털 컴퓨터 시스템

생각하는 기계에 대해 이야기할 때, 우리가 염두에 두고 있는 컴퓨터는 현대 디지털 컴퓨터입니다. 또 우리가 고려해야 할 로봇은 이런 컴퓨터를 탑재한 지능형 로봇입니다. 그러니 특별한 이유가 없는 한, 앞으로는 로봇 말고 컴퓨터에 대해서만 이야기의 초점을 맞출게요.

현대 디지털 컴퓨터라니 왠지 거창해 보이죠? 사실은 노트북에서 슈퍼컴퓨터에 이르는, 우리에게 친숙한 보통의 컴퓨터입니다. 예전의 대표적인 디지털 컴퓨터는 주판입니다. 디지털 컴퓨터의 반대는 아날로그 컴퓨터인데요, 이것은 매우 한정된 분야에서만 사용되는 것으로 인공지능 연구자들의 관심 대상이 아닙니다. 양자 컴퓨터나 DNA 컴퓨터라는 것도 있는데, 이런 컴퓨터들은 아직까지 이론적 연구 단계에 있다고 봐야 할 것입니다. 따라서 이런 신개념 컴퓨터들이 생각할 수 있는가 하는 문제는 여기서 다루지 않겠습니다.

현대 디지털 컴퓨터 시스템의 창시자는 앨런 튜링*이란 사람입니다. 그러나 튜링이 실제로 컴퓨터를 제작한 것은 아니었습니다. 그는 '튜링 기계'라는 이론적 컴퓨터, 즉 계산 모델을 제안했습니다. 모든 현대 디지털 컴퓨터는 튜링 기계를 물리적으로 구현한 것입니다. 따라서 처리 속도와 기억용량, 그리고 가격과 겉모습의 차이에도 불구하고 이들 컴퓨터의 구조는 디지털 컴퓨터 블럭도의 그림과 같이 모두 동일합니다! 이건 사실 놀라운 일입니다. 처리장치가 제어장치와 결합되어 있을 때 이를 흔히 중앙처리장치CPU라고 합니다.

지금까지는 이른바 '하드웨어'에 대한 설명이었습니다. 전체 컴퓨터 시스템에는 '소프트웨어'라는 또 하나의 요소가 있습니다. 예컨대 운영체제인 리눅스, 웹 브라우저인 인터넷 익스플로러, 문서 편집기인 흔글, 그리고 스타크래프트와 같은 게임이 모두 소프트웨어입니다. 소프트웨어를 '프로그램'이라고도 하는데, 이것은 컴퓨터에

■ 앨런 튜링 Alan Turing
1912~1954, 영국의 수학자, 물리학자. 24세였던 1936년 한 논문에서 기계적인 계산을 해낼 수 있는 일종의 수학적 모델을 고안했는데 이것이 컴퓨터의 기본 설계도가 되었다. 1950년 튜링 검사를 제안, 2000년이면 튜링 검사를 통과하는 기계가 나올 것이라 예측했지만 아직까지 그런 기계는 없다.

게 정보처리 작업을 지시하는 문장들의 집합입니다. 프로그램은 흔히 C나 자바 Java와 같은 언어로 작성되는데, 작성된 프로그램은 2진수 코드로 번역된 후 전압 신호를 써서 표현됩니다. 이 점이 매우 중요합니다. 모니터에선 화려한 그래픽이 펼쳐질 때라도 컴퓨터 내부적으로는 전압 신호가 그저 물리적으로 처리되고 있을 뿐입니다.

생각하는 컴퓨터를 가려내는 테스트, 튜링 검사

컴퓨터가 생각할 수 있다, 혹은 없다고 주장하기에 앞서, 생각한다고 말할 수 있는 기준이 무엇인지 먼저 정할 필요가 있습니다. 동일한 컴퓨터에 대해 한 사람은 생각한다고 말하고 다른 사람은 생각하지 않는다고 말한다면, 논의의 진척을 기대할 수 없기 때문입니다. 그런데 상식적으로 우리는 나 이외의 다른 사람들도 생각을 한다는 사실을 받아들입니다. 내가 생각을 한다는 것을 나는 알지만, 다른 사람도 그렇다는 것을 어떻게 알 수 있을까요? 다른 사람의 마음속으로 들어가 볼 수도 없는데 말이죠. 사실상 우리는 겉으로 드러난 다른 사람의 말과 행동을 보고, 그 사람이 생각을 한다고 판단할 수밖에 없습니다.■ 그렇다면 컴퓨터에 대해서도 이런 기준을 적용해 보는 게 크게 무리는 아니겠지요.

　컴퓨터 탄생 직후인 1950년, 머지않아 생각하는 컴퓨터가 나올 것으로 예측한 튜링은 생각하는 컴퓨터의 기준으로 '튜링 검사'라는 모방 게임의 통과를 제안했습니다. 튜링 검사 참가자 A는 자기 방에서 B, C와 온라인 채팅을 합니다. 그런데 B는 사람인 반면 C는 컴퓨터입니다. 이때 A는 채팅 상대방을 눈으로 볼 수 없습니다. 즉, 화상 채팅이 아닙니다. A의 목표는 오직 채팅만을 통해 어느 쪽이 사람이고 어느 쪽이 컴퓨터인지 알아맞히는 것입니다. B는 자기가 사람이고 C가 컴퓨터라는 것을 A에게 알리려고 노력합니다. 컴퓨터인 C는 자기야말로 사람이라고 거짓말을 해서 A를 속이려 합니다. 만약 A가 채팅 상대가 누구인지 일관되게 알아맞히지 못한다면, C는 튜링 검사를 통과하게 됩니다. 튜링에 따르면, 이렇게 튜링 검사를 통과한 컴퓨터가 바로 생각하는 컴퓨터라는 것입니다. 언어 사용은 고도의 지능을 요하는데, 사람과 동등한 수준의 대화를 수행하는 컴퓨터라면, 그 컴퓨터는 생각을 할 수 있다고 봐야 한다는 취지였습니다.

튜링의 제안에도 나름 일리가 있습니다. 그러나 설령 어떤 컴퓨터가 튜링 검사를 통과했다고 해도, 그것이 생각한다고 말할 수 있을까요?

중국어 방 논증

지금부터 소개할 사고 실험은 미국의 철학자 존 설[■]이 고안한 것으로, 흔히 '중국어 방 논증'이라 불립니다. 자, 밀폐된 방 안에 중국어를 전혀 모르는 설이 갇혀 있습니다. 방 안으로 중국어로 쓰인 질문지가 들어옵니다. 설은 답변을 중국어로 적어 방 밖으로 내보내야 합니다. 그런데 방 안에는 설의 모국어인 영어로 된 규정집이 있습니다. 규정집의 규정은 이런 식입니다

'쏠라-쏠라'라는 모양의 글자들("밥은 먹고 사냐?")이 들어오면, '쏼라-쏼라'라는 글자들("반찬도 먹고 산다.")을 내보내라.

> **■ 존 설 John Searle**
> 1932~, 미국의 현대 철학자. 튜링 검사로 기계의 인공지능 여부를 판정할 수 없다는 '중국어 방' 사고실험을 고안함. 중국어를 예로 든 것은 서양 사람들이 중국 글자를 매우 낯설어하기 때문이다.

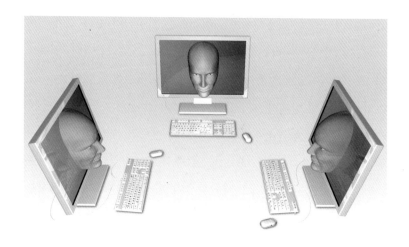

　당연히 설은 질문을 읽을 수 없습니다. 그래서 질문지의 글자 모양을 보고 거기에 해당하는 규정을 찾아서 답변을 하는 법을 배웠답니다. 사실은 한 땀 한 땀 수를 놓듯 중국어 글자를 그리는 것이겠지만요. 규정집은 너무나 완벽해서 설은 주어진 질문에 대해 항상 적절한 답변을 합니다. 설은 어느새 달인이 되어 이 일을 엄청나게 빠른 속도로 수행합니다. 즉, 주어진 질문에 대해 실시간으로 답변을 합니다. 참으로 신기하고 놀라운 설이죠.

　방 밖에 중국인이 한 명 있다고 합시다. 자연스럽게도 그는 방 안에 중국어를 아는 사람이 있다고 결론을 내릴 것입니다. 중국어로 질문을 던지면, 항상 적절한 답변이 중국어로 척척 돌아오기 때문이죠. 그런데 설이 정말 중국어를 아나요? 아닙니다. 설은 주어진 질문도, 자신의 답변도 결코 이해하지 못합니다. 중국어를 안다는 것은 글자 모양을 보고 따라 그리는 것이 아닙니다. 중국어로 적힌 문장의 의미를 이해해야 진정으로 중국어를 아는 것입니다. 설은 주어진 임무를 단지 기계적으로 수행한 것일 뿐입니다. 여러분들이 내용도 모른 채 급하게 남의 숙제를 베껴 내듯이 말이죠.

눈치 빠른 사람이라면 벌써 이 실험이 말하고자 하는 바를 간파할 수 있을 거예요. 그렇습니다. 설이 일하는 방식은 컴퓨터가 정보를 처리하는 방식과 완전히 동일합니다. 설은 규정집을, 컴퓨터는 프로그램을 따르지만, 이들은 자신들이 무엇을 하고 있는지 모릅니다. 2에 2를 더하면 얼마가 되느냐는 질문에, 컴퓨터는 즉각 4라고 답할 것입니다. 그렇지만 컴퓨터는 2와 4라는 수가 무엇인지, 덧셈이 무엇인지는 결코 알 수 없습니다. 입력input이 주어지면 단순히 형식적으로 기호를 조작해서 출력output을 내어놓을 따름입니다. 컴퓨터로 작업을 하는 우리들만이 그 입출력의 의미를 압니다.

방 안의 설은 앞서의 튜링 검사를 통과하게 될 것입니다. 또 다른 방에 진짜 중국인이 있다고 해도, 방 밖의 중국인은 어느 방에 진짜로 중국어를 아는 사람이 있는지 제대로 맞힐 수 없기 때문입니다. 그렇다면 이것은 튜링 검사가 컴퓨터가 생각할 수 있는지의 여부를 가리는 적절한 기준이 될 수 없다는 것을 뜻합니다. 컴퓨터가 아무리 사람을 감쪽같이 속일지라도, 컴퓨터에게는 원칙적으로 이해나 의미가 있을 수 없기 때문입니다. 사실은 사람을 속이겠다는 의도조차 있을 수 없습니다. 사람이 스스로 속는 것이죠. 컴퓨터를 상대로 체스를 두다 보면, 저 녀석이 정말로 머리를 쓰고 있는 것 같다고 느낄지도 모릅니다. 그러나 컴퓨터는 주어진 프로그램에 따라, 정밀하고 신속한 계산에 근거해 다음 수를 결정할 뿐입니다. 프로그램에는 체스의 지식이 반영되어 있겠지만, 컴퓨터는 그런 것을 전혀 모릅니다. 그렇다면 컴퓨터는 진정으로 생각하는 것이 아닙니다.

요컨대 컴퓨터가 생각할 수 있다는 주장은 적절한 프로그램이 갖춰진다면 컴퓨터는 생각을 갖게 된다는 주장입니다. 그러나 컴퓨터

"언어를 이해한다는 것, 또는 실로 심리적 상태를 조금이라도 가진다는 것은 단순히 형식적 기호들의 묶음만을 갖는다는 것 이상을 의미한다. 언어의 이해는 하나의 해석, 즉 그 기호에 첨부된 의미를 포함하고 있다." —존 설, 『마음, 뇌, 과학』에서

로 하여금 튜링 검사를 통과할 수 있게 해 주는 프로그램이 존재한다 해도, 그 컴퓨터는 생각할 수 없다는 것을 중국어 방 논증은 명확하게 보여 줍니다. 튜링 검사를 통과한다 해도 컴퓨터는 생각한다고 볼 수 없지만, 사실은 튜링 검사를 통과하는 컴퓨터가 존재할 가능성조차 희박합니다. 인간에게 반란을 일으키는 컴퓨터 HAL 9000이 등장하는 영화 〈2001 스페이스 오디세이〉는 2011년 현재에도 여전히 SF입니다.

덧붙이자면 컴퓨터가 생각할 수 없다고 주장한다고 해서, 기계가 생각할 수 있는 가능성이 없다고 말하려는 것은 아닙니다. 우리 자신이 바로 생각하는 기계니까요. 우리 몸과 동일한 종류의 소재로 기계를 만든다면, 그 기계는 어쩌면 생각할 수 있을지도 모릅니다. 그러나 현재 방식의 디지털 컴퓨터는 절대로 생각할 수 없습니다. 컴퓨터 시스템들의 구조는 모두 동일하고, 그 속에서 모든 작업은 완전히 물리적, 기계적, 형식적으로 이루어지기 때문입니다. 생각이나 이해가 들어갈 여지가 원천적으로 없습니다.

아니야,
컴퓨터는
생각할 수 있어

우리 뇌가 바로 생각하는 컴퓨터이다

설이 규정집에 따라 중국어로 대답을 한다 해도 이는 기계적인 처리 과정일 뿐 설은 중국어를 이해하고 있지 못하다는 중국어 방 논증은 직관적인 호소력을 갖고 있습니다. 또 튜링을 비롯한 초기 인공지능 연구자들의 기대와는 달리, 생각한다고 말할 만한 컴퓨터가 아직까지 요원한 것 또한 사실이지요. 인간의 일반적인 지능을 이해하고 모방하는 일은 애초 예상보다 훨씬 어려운 일이라는 것도 이제는 어느 정도 드러났습니다. 그러나 그렇다고 해서 제대로 된 인공지능이 영영 불가능하다는 결론이 나오는 것은 아닙니다.

컴퓨터가 생각할 수 있는가 하는 질문은 경험적인 것입니다. 뛰어난 호소력에도 불구하고 중국어 방 논증은 선결문제 요구의 오류▪를 범하고 있습니다. 컴퓨터가 생각할 수 없다고 주장하는 사람들은 컴

▪ 선결문제 요구의 오류
순환논증이라고도 한다. 논란이 되는 것을 근거로 삼는 논증. 다시 말해 입증해야 할 주장을 근거로 가져다 쓰는 논증. 중국어 방 논증의 전제는 컴퓨터에 이해나 의미가 존재하지 않는다는 것인데 그 전제 자체가 바로 토론의 주제이다.

퓨터에 이해나 의미가 존재하지 않는다는 전제로부터 컴퓨터는 생각할 수 없다는 결론을 내리고 있는데, 컴퓨터에 이해나 의미가 존재하지 않는다는 그 전제가 바로 우리가 토론해야 할 문제입니다. 직관적으로 그럴듯하다고 해서 당연하게 받아들일 게 아닙니다. 빛이 주파수를 갖는다는 주장도 예전에는 터무니없는 말로 들렸을 것입니다. 그러나 물리학자 맥스웰■은 1864년에 빛이 전자기파의 일종으로 주파수를 갖는다는 것을 발견했습니다. 이로부터 우리는 빛에 대한 통념에 과학적 연구가 좌우되어서는 안 된다는 것을 알 수 있습니다. 지능의 경우도 마찬가지입니다. 상식적인 견해로 미리부터 인공지능의 가능성을 재단해서는 곤란합니다.

우리의 생각은 뇌에서 일어나죠. 그런데 뇌는 '뉴런'이라 불리는 1,000억 개의 신경세포들로 구성되어 있습니다. 생각이란 일종의 정보처리 과정인데, 이 과정은 신경세포들 사이의 전기적·화학적 신호 전달에 의해 실현됩니다. 이번에도 앞선 토론자의 논법을 동일하게 적용하면 어떻게 될까요? 우리에게도 또한 이해나 의미 따위는 없습니다. 세포 수준에서 보건 분자 수준에서 보건, 우리 뇌에서 일어나는 일은 결국엔 물리적인 반응일 뿐입니다. 그렇다면 거기에 어떤 정신적 내용이 있다는 것은 물거품처럼 사라져야 할 환상입니다.

신호처리라는 관점에서 보면, 컴퓨터에서 일어나는 일은 뇌에서 일어나는 일과 크게 다르지 않습니다. 이해나 의미 없이도 우리가 생각하는 것이 가능하다면, 컴퓨터 또한 마찬가지 아닐까요? 반대로 혹시 뇌에서 일어나는 물리적 반응을 통해 정신적 내용이 나올 수 있다면, 컴퓨터에서도 그러지 말라는 법이 없겠죠. 어느 쪽이건 간에 우리 자신이 생각한다는 바로 그 사실이 컴퓨터도 생각할 수

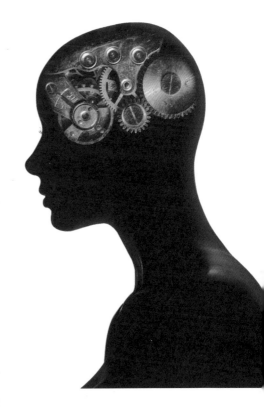

있다는 주장을 뒷받침하는 강력한 근거가 됩니다.

　물론 뇌와 컴퓨터는 작동하는 방식이 상당히 다릅니다. 따라서 컴퓨터는 우리와는 전혀 다른 방식으로 '생각'이라는 것을 할지도 모릅니다. 그러나 이것은 그다지 중요한 문제가 아닙니다. 비행기가 꼭 새처럼 날아야 하는 것은 아니니까요. 날기만 하면 됩니다. 참고로 뇌와 유사한 방식으로 작동하는 컴퓨터를 통해 인공지능을 구현하려는 연구자들도 있습니다. 한편, 컴퓨터와 인간의 차이가 궁극적으로 그 구성 성분에 있다는 견해야말로 참 놀라운 생각입니다. 구성 성분이 무엇이건 간에 어쨌거나 물질인데 말이죠. 인간 우월주의자거나 생기론자▪가 아니고서는 할 수 없는 주장입니다.

▪ 생기론자
생물은 무생물인 물질과 달리 어떤 특별한 생명력을 갖고 있으며, 생명현상의 유기적 과정은 물리·화학적인 자연법칙으로만 설명할 수 없는 특별한 원리에 지배되고 있다는 이론을 믿는 사람.

중국어 방 전체는 생각할 수 있다

중국어 방 논증은 컴퓨터가 생각할 수 없다고 주장하지만 정말 그런지 찬찬히 살펴볼까요? 밀폐된 방 안에 설이 있습니다. 중국어로 쓰인 질문지가 들어오면 규정집을 보고 중국어 글자를 그려서 내보냅니다. 설 자신은 중국어를 이해하지 못할지도 모릅니다. 그러나 설은 중국어로 답변하는 시스템의 일부일 뿐입니다. 따라서 방 전체는 중국어를 이해한다고 봐야 합니다.▪ 방이 중국어를 이해한다고 하니 좀 이상하게 들리지요? 비유해서 말하자면 그렇다는 겁니다. 중국어 방 논증의 비유를 정확하게 풀면, 컴퓨터에 해당하는 것은 설이 아니라 방 전체입니다. 설은 컴퓨터의 한 부품일 따름이죠. 부품이 무언가를 이해하지 못하는 것은 당연합니다. 사람의 경우도 마찬가지죠. 신경세포 하나, 혹은 몇 개의 신경세포들이 이해하는 것이 아니라, 뇌 전체가 이해하는 것입니다. 설은 중국어를 이해하지 못하더라도 방 전체는 이해한다고 봐야 합니다. 따라서 전체 컴퓨터 시스템은 생각할 수 있다고 봐야 하지요. 중국어 방 논증의 제대로 된 결론은 "튜링 검사를 통과한 전체 컴퓨터 시스템은 생각할 수 있다."가 되어야 합니다. 이때 전체 컴퓨터 시스템에 프로그램이 포함되는 것은 물론이죠.

　이에 대해 혹시 다음과 같은 반론이 있을지도 모르겠습니다. "설이 규정집을 모두 외운 다음 방 밖에서 일을 한다고 상상해 보죠. 그러면 방 전체 시스템은 이제 설의 일부가 되었습니다. 만약 방 전체가 중국어를 이해한다면, 규정집을 모두 외운 설 또한 중국어를 이해한다고 해야 할 것입니다. 그런데 과연 그런가요? 아니죠. 달라진 것은 아무것도 없습니다. 설이 형식적 기호 조작만을 하는 한, 즉,

■ 시스템 반론
방 안에 있는 설은 중국어를 이해하지 못해도 방 전체는 이해한다는 반론을 시스템 반론이라고 부른다.

내용을 모른 채 글자 모양만 보고 작업을 하는 한, 그는 여전히 중국어를 한 마디도 이해하지 못하고 있습니다."

그러나 이 반론은 설득력이 떨어집니다. 왜 설이 여전히 중국어를 이해하지 못하는지에 대해 납득할 만한 이유가 제시되지 않고 있습니다. 그저 또다시 '형식적 기호 조작'만 들먹일 뿐이죠. 그런데 규정집을 외워 중국인과 능숙하게 질문과 답변을 주고받는 설이 정말로 중국어를 이해하지 못하는 걸까요? 중국어를 이해하지 못하는 사람이 그렇게 할 수 있을까요?

이런 상황을 한번 떠올려 봅시다. 선생님이 어떤 단원에 대한 이해 여부를 알기 위해 학생들에게 질문을 던지고 있습니다. 한 학생은 그 단원의 내용을 이해했고, 다른 학생은 이해가 안 가 그냥 다 외워 버렸습니다. 이때 외운 학생이 선생님의 눈을 속일 수 있을까요? 불가능합니다. 몇 번만 질문과 답변이 오가다 보면 금방 탄로납니다. 마찬가지로 중국어를 이해하지 못하는 설이 '형식적 기호 조작'만으로 진짜 중국인을 계속해서 속일 수는 없는 일입니다.

문제의 핵심은 중국어 방 논증의 규정집입니다. 중국어 방 논증은 사고실험이라는 미명 하에 상황을 지나치게 단순화시켰습니다. '완벽한 규정집'이란 말로 은근슬쩍 넘어갔지만 그게 그리 간단치가 않습니다. 설로 하여금 튜링 검사를 통과할 수 있게 해 주는 규정집은 도대체 어떤 것일까요? 여기에는 중국어에 대한 지식은 물론, 일반적인 상식, 그리고 사고 과정의 많은 부분이 포함되어 있어야만 합니다. 나아가 설이 학습한 결과를 반영하기 위해, 규정집은 규정의 추가, 삭제, 수정 등도 가능해야 할 것입니다. 규정집이 컴퓨터 프로그램의 비유라는 것, 기억하시죠? 그렇다면 이러한 프로그램을 갖춰서 튜링 검사를 통과한 컴퓨터가 생각을 할 수 있다는 것은 너무나 당연합니다. 그러나 실제로는 외부 세계와 소통할 수 있는 통로가 이 컴퓨터에 추가적으로 마련되어야 합니다.

컴퓨터보다는 로봇이 되어야

컴퓨터가 생각할 수 없다고 주장하는 사람들은 컴퓨터와 로봇의 차이를 중요하게 생각하지 않습니다. 그러나 그렇지 않습니다. 방 안의 설과 방 밖으로 나온 설 사이에는 규정집의 암기 여부 이외에도 중대한 차이가 있습니다. 방 안의 설에게 입력으로 주어지는 것은 오직 질문지뿐입니다. 그는 뜻도 모르는 기호가 쓰인 질문지를 받아 임무를 수행해야 합니다. 그러나 방 밖의 설은 다릅니다. 그에게는 눈, 코, 귀, 입, 피부와 같은 감각기관이 있습니다. 컴퓨터 용어로는 입력장치가 완전히 달라진 셈이죠. 또 그에게는 발성기관 및 운동기관과 같은 출력장치도 있습니다. 그렇다면 방 밖의 설은 이제 컴퓨터보다는 로봇과 비슷한 존재가 되었습니다.■

　이 사실이 왜 중요할까요? 방 안의 설부터 생각을 해 봅시다. 설이 "쏠라-쑬라-쌀라(자장면 시킬까, 짬뽕 시킬까?)"라고 쓰인 질문지를 받습니다. 그는 규정집에서 해당 규정을 찾아 착실하게 답변을 그려 냅니다. 컴퓨터가 생각할 수 없다고 주장하는 사람들은 이 경우 설은 중국어로 쓰인 질문과 답변을 이해하지 못한다고 합니다. 뭐, 그렇다고 해 두죠. 이제 방 밖의 설을 생각해 봅시다. "쏠라-쑬라-쌀라(자장면 시킬까, 짬뽕 시킬까?)"라는 질문을 귀로 들으면서 그는 메뉴판의 음식 그림을 눈으로 봅니다. 관련된 규정들을 머릿속에 떠올려 "쑬라-썰라(자장면 먹을래.)"라고 입으로 대답을 하면, 잠시 후에 실제 자장면이 나옵니다. 설은 자장면의 모양을 보고,

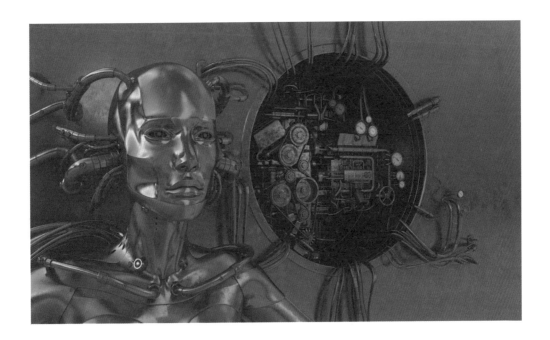

냄새를 맡으며, 맛을 느낍니다. 물론, 이런 모든 행동들에 대해서도 규정집에 다 명시되어 있습니다.

이런 일이 반복되다 보면, 설은 자장면이 무엇인지 알게 될 것입니다. 즉, 중국어 문장과 규정집, 그리고 실제 대상을 유기적으로 연결하여 파악할 수 있게 되겠죠. 이런 과정을 거쳐 결국 설은 중국어를 이해하게 될 것입니다. 그런데 이것은 왠지 친숙한 상황이죠? 우리가 무언가를 학습하는 과정이 바로 이렇지 않나요? 태어날 때부터 자장면을 아는 사람은 없습니다. 어머니가 맛있다고 하니까 뭔지도 모르면서 그거 먹겠다고 하다 보니 자장면을 알게 된 거 아닌가요?

그렇다면 생각할 수 있는 로봇을 만드는 한 가지 방법은 이런 식일 것입니다. 먼저 인공 뇌와 적절한 입출력 장치를 구비한 로봇을 만듭니다. 중요한 것은 이 로봇에 들어갈 프로그램입니다. 여기에는 구태여 많은 지식이 포함될 필요가 없습니다. 갓난아이의 본능 정도에 스스로 학습할 수 있는 능력을 갖춘 프로그램이면 충분합니다. 이 로봇은 처음에는 갓난아이처럼 행동할 것입니다. 별로 아는 것이 없겠죠. 그러나 외부 세계와의 상호작용을 통해 점차 필요한 개념들을 익혀 나갈 것이고 언어를 배워 사람과 의사소통도 하게 되겠죠. 이 로봇이 우리와 다른 점은 오직 구성 성분뿐입니다. 그 차이로 인해 컴퓨터 혹은 로봇은 우리처럼 생각할 수 없다는 주장은 말도 안됩니다.

● 두 글에서 주장의 근거로 제시한 내용을 각각 요약해 봅시다.

● 다음 쟁점에 대하여 자신의 입장을 정하고 근거를 제시해 봅시다.

쟁점1 튜링 검사를 통과한 기계는 생각할 수 있다.

	그렇다	아니다
근거		

쟁점2 설이 들어가 있는 중국어 방 전체는 생각할 수 있다.

	그렇다	아니다
근거		

쟁점3 컴퓨터가 로봇과 같은 입력·출력장치를 갖게 되면 생각할 수 있다.

	그렇다	아니다
근거		

● 영화 〈A.I.〉에서 인공지능 로봇인 데이비드는 '엄마'로부터 버림을 받습니다. 또 인간들이 벌이는 로봇 파괴 축제에 끌려갔다가 탈출하기도 합니다. 만약 로봇이 생각할 수 있다면, 우리는 그 로봇을 우리 마음대로 폐기할 수 있을까요? 생각할 수 있는 로봇이 있다면 어떤 권리를 가질 수 있을지 적어 봅시다.

영리한 기계의 스마트한 세계

인공지능의 응용 분야

'인공지능'이라고 하면 왠지 터미네이터 같은 무시무시한 로봇이 떠오르시나요? 인공지능 기술은 이미 우리 주변에서 알게 모르게 쓰이고 있습니다. 인공지능을 이해하는 가장 쉬운 방법은 그 응용 분야를 살펴보는 것입니다. 아래에 소개된 분야 외에도 인공지능은 지능형 에이전트, 전자상거래, 생명 정보학, 지능형 로봇 등에서 널리 사용되고 있습니다.

전문가 시스템

전문가 시스템은 이름 그대로 전문가처럼 문제를 해결하는 컴퓨터 시스템이다. 1970년대와 80년대를 통해 많은 전문가 시스템이 개발되었다. 예컨대 MYCIN은 세균 감염에 의해 유발되는 질병을 진단하고 처방하는 전문가 시스템이다. 현재도 전문가 시스템은 지질 조사, 금융 투자 등 다양한 영역에서 활용되고 있다. 심지어 여객기 조립이나 우주선 관리를 해주는 전문가 시스템도 있다. 특정 영역에서 전문가 시스템은 인간 전문가를 능가하기도 한다. 1997년 딥 블루라는 체스 프로그램은 당시 세계 체스 챔피언 카스파로프를 2승 3무 1패로 물리쳤다. 카스파로프는 1985년 22살의 나이로 최연소 챔피언이 된 이래 그때까지 정상을 지키던 최강자였다. 대결이 끝난 후 카스파로프와 체스 전문가들은 딥 블루가 마치 지능을 가진 것처럼 보였다고 놀라워했다.

자연언어 처리

자연언어 처리는 컴퓨터를 이용해 한국어나 영어와 같은 자연언어를 이해하는 것이다. 자연언어 이해를 위해서는 여러 가지 작업이 필요하다. 예컨대 기차표 예매 시스템에 대해 사람이 다음과 같이 질의를 했다고 가정해 보자. "내일 아침에 부산으로 가는 무궁화호 열차가 있는지 알고 싶다." 시스템이 이 질의에 적절하게 응답하기 위해서는 '아침+에', '부산+으로' 등으로 먼저 분해를 해야 한다. 또 '내일'이 날짜로 언제인지, '아침'이 몇 시부터 몇 시까지인지도 시스템은 알아야 한다. '열차가 있는지 알고 싶다'고 해서, '있다' 혹은 '없다'로 대답해서도 안 된다. 이 경우에 사람이 정말로 요구하는 것은 열차 출발 시간표이기 때문이다.

자연언어 처리 중에서 가장 널리 알려진 것은 컴퓨터를 이용한 자동번역이다. 그러나 번역 프로그램을 만드는 것은 체스 프로그램의 경우보다 훨씬 어렵다. 예컨대 번역 프로그램을 써서 "The spirit is willing, but the flesh is weak (의지는 있으나 몸이 약하다)."라는 영어 문장을 러시아어로 번역한 후 이것을 다시 영어로 번역했더니, 다음과 같이 되었다고 한다. "The vodka is good, but the meat is spoiled. (보드카는 좋으나 고기가 썩었다)." 이러한 결과가 나오는 것은 자연언어가 다양한 수준에서 애매성을 갖기 때문이다.

인터넷 정보검색

인터넷 정보검색은 오늘날 일상적인 활동이기 때문에 우리는 이를 대수롭지 않게 생각하기 쉽다. 그러나 인터넷에 존재하는 전자 문서의 양은 너무나도 방대하기 때문에, 구글과 같은 검색 프로그램이 사용자가 원하는 정보를 정확히 찾기 위해서는 텍스트 분류, 정보 추출, 정보 여과와 같은 복잡한 과정을 거쳐야 한다. 이들 과정에서 '기계 학습'이라는 인공지능 기술이 핵심 역할을 한다. 기계 학습은 훈련을 통해 컴퓨터 프로그램의 성능을 향상시키는 기술이다.

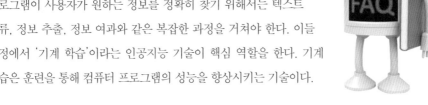

데이터 마이닝

데이터 마이닝은 대량의 데이터로부터 유용한 정보나 지식을 추출하는 과정이다. 슈퍼마켓에서는 고객의 구매 상품 간 연관성을 분석함으로써 상품의 진열을 최적화할 수 있다. 가령 아기 기저귀를 사 가는 남자 고객이 맥주를 함께 사는 경향이 있다는 사실을 데이터 마이닝을 통해 알게 된다면, 슈퍼마켓 주인은 기저귀 옆에 맥주를 놓아두는 것을 고려해야 한다. 또한 신용카드 회사에서는 카드 사용자의 거래 행태를 분석함으로써 신용카드의 도용을 방지할 수 있다.

8 매트릭스 세상

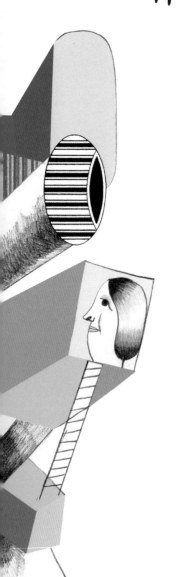

그래,

우리가 사는 세상은

매트릭스야

아니야,

우리는 현실 세계에

살고 있어

● '일장춘몽'이란 말이 있습니다. 인생은 한갓 봄날 꿈처럼 덧없다는 뜻입니다. 그런데 내가 지금까지 살아온 삶이 정말로 꿈은 아닐까요? 혹은 삶이 통째로 가짜는 아닐까요? 영화 〈트루먼 쇼〉에서처럼 말이죠. 트루먼 쇼는 하루 24시간 생방송으로 진행되는 몰래 카메라 프로그램입니다. 전 세계 시청자들은 트루먼의 일거수일투족을 TV를 통해 봅니다. 트루먼의 주변 인물은 모두 배우이고 트루먼이 사는 곳은 스튜디오이지만, 그는 30년 가까이 이 사실을 눈치채지 못합니다. 그렇지만 모든 게 가짜는 아닙니다. 연기를 할지언정 주변 인물은 분명히 사람이고, 스튜디오는 실제로 존재하는 공간이니까요. 그런데 영화 〈매트릭스〉는 〈트루먼 쇼〉보다 훨씬 더 쇼킹합니다. 진실에 눈을 뜨게 해 주는 빨간 약을 먹기 전까지 네오가 경험한 모든 것은 컴퓨터가 만든 가상현실입니다. 운 좋게도 네오는 진짜 세계를 알게 되었지만, 영화 속 대부분의 사람들은 주입된 가상현실에서 평생 벗어나지 못합니다. 그렇다면 혹시 우리도 사실은 가상현실에 갇혀 있는 게 아닐까요? 아니라고 말할 수 있는 근거가 있을까요?

● 매트릭스

서기 2199년, 인공지능 컴퓨터가 세상을 지배한다. 인간들은 태어나자마자 고치처럼 생긴 분홍 캡슐에 갇혀 기계들의 에너지원으로 사용된다. 인공지능 컴퓨터는 인간들의 뇌에 '매트릭스'라는 가상현실 프로그램을 입력해 놓았다. 그래서 사람들은 1999년의 일상을 살고 있다고 믿는다. 가상현실에서 깨어난 몇몇 사람들은 인류를 구원할 영웅 '그'를 찾고 있다. 마침내 트리니티가 '그'를 발견하는데, 그가 바로 매트릭스 속에서 낮에는 회사원으로, 밤에는 해커로 살아가는 주인공 네오이다. 네오는 자신의 삶이 진짜 현실이라는 것을 추호도 의심하지 않는다. 모피어스를 만나 '진실의 사막'을 보기 전까지는. 트리니티에 이끌려 매트릭스 밖으로 나와서야 비로소 지금까지의 삶이 컴퓨터가 조작해 낸 가상현실이라는 것을 깨닫게 된다. 모피어스는 네오에게 빨간색 알약과 파란색 알약을 보여준다. 파란색 알약은 잠시 다른 세계를 보았지만 다시 이전의 삶으로 돌아가 일상 그대로 깨어나게 하는 약, 빨간색 알약은 지금까지와는 전혀 다른 세상에서 전혀 다른 미션이 부여된 진짜 세계에 남는 약. "파란색 알약을 먹으면 넌 침대로 돌아가 잠들 것이고, 내일 아침 일어나면 아무것도 기억나지 않은 채 그냥 살게 될 거야. 하지만 빨간색 알약을 먹으면 고통스러운 진실을 알 수 있게 되지. 자, 선택하게!" 빨간색 알약을 선택한 네오는 모피어스, 트리니티와 함께 매트릭스를 지키는 스미스 패거리들과 힘겨운 전투를 벌인다. 이것이 1999년에 개봉한 영화 〈매트릭스〉의 상황 설정이다.

"무엇을 상상하든 그 이상을 보게 될 것이다!"라는 말을 들어 보았죠? 영화 〈매트릭스〉 속편의 광고 문구입니다. 〈매트릭스〉는 정말 신나고 재미난 영화입니다. 철학적 주제들이 담겨 있다고는 하지만, 머리 복잡한 것 싫어하는 사람도 액션 영화로 얼마든지 즐길 수 있지요. 아직까지 안 본 사람들은 꼭 한 번 보세요. 그리고 이어지는 세 가지 이야기도 읽어 봅시다. 그리고 진짜 삶과 가상현실을 넘나드는 논증 속으로 들어가 볼까요?

● 통 속의 뇌

다음은 영화 〈매트릭스〉를 바탕으로 지어낸 이야기다. 네오는 스미스 패거리들에게 무차별 구타를 당해 뇌를 제외한 신체가 완전히 망가진다. 네오를 사랑한 트리니티는 네오의 뇌를 떼어 내, 뇌가 계속 살아 기능할 수 있도록 배양액이 담긴 통 속에 넣어 둔다. 그리고 그의 뇌에서 사고가 났다는 기억과 뇌를 떼어 냈다는 기억을 모두 지워 버린다. 이게 어떻게 가능했을까? 바로 사랑의 힘이다. 트리니티의 키스로 죽은 네오를 살리는 원작보다는 훨씬 현실적이다. 아무튼 이제 네오의 뇌는 가상현실 프로그램이 돌아가는 컴퓨터에 전선으로 연결되어 있다. 이 컴퓨터는 네오의 뇌에 자극을 보내 네오가 정상적으로 활약할 때와 똑같은 경험을 심어 준다. 네오는 여전히 모피어스, 트리니티와 함께 스미스 패거리들과 열심히 싸운다. 그러나 모든 것은 컴퓨터가 만들어 낸 환상일 뿐이다. 이것이 바로 '통 속의 뇌' 이야기다.

● 나비의 꿈

어느 날 장주莊周가 나비가 된 꿈을 꾸었다. 그는 훨훨 날아다니는 나비가 되어 유유자적 재미있게 지내면서 자신이 장주임을 알지 못했다. 그러다 문득 깨어 보니 다시 장주가 되어 있었다. 장주가 나비가 되는 꿈을 꾸었는지 나비가 장주가 되는 꿈을 꾸었는지 알 수가 없었다. 『장자』란 책에 있는 나비의 꿈 이야기이다. 작곡가 윤이상은 이 이야기를 주제로 〈나비의 꿈〉이란 오페라를 작곡하기도 했다.

그래,
우리가 사는 세상은
매트릭스야

상식이 항상 옳은 것은 아니다

생각열기에서 소개된 세 가지 이야기에는 공통점이 있습니다. 등장인물인 네오와 네오의 뇌, 그리고 장주가 모두 착각을 하거나 했었다는 점이죠. 철학자들은 몇십 년 전부터 통 속의 뇌에 대해 논의해왔습니다. 〈매트릭스〉의 감독인 워쇼스키 형제는 통 속의 뇌를 분홍캡슐 속에 갇힌 인간으로 바꿔 놓은 것에 불과하지요. 그렇다고 통속의 뇌 이야기가 원조라고는 할 수 없습니다. 이와 거의 유사한 생각을 철학자 데카르트도 이미 몇백 년 전에 했으니까요. 그런데 통속 네오의 뇌는 앞으로도 계속해서 착각하며 살 수밖에 없습니다. 뇌가 통 밖으로 나올 수는 없으니까요. 반면, 네오와 장주는 각각 매트릭스와 꿈이라는 착각에서 일단 벗어난 것으로 보입니다.

그런데 상황이 그렇게 단순하지만은 않습니다. 꿈에서 깨어난 장

영화 〈매트릭스〉 속 한 장면. 진짜라고 믿었던 세계가 실제로는 숫자 0과 1의 조합으로 이루어진 컴퓨터 프로그램임을 보여준다.

주는 지금의 '현실' 또한 사실은 꿈일 수 있다고 생각하기 시작합니다. 나비가 꿈을 꾸었는데, 그 꿈속에서 나비는 장자가 되어 살아가면서 자기가 나비라는 사실을 잊어버린 것일지도 모른다는 거죠. 〈매트릭스〉의 네오의 경우도 마찬가지입니다. 네오는 매트릭스 밖으로 나오고 난 후에야 그때까지의 삶이 매트릭스, 즉 가상현실에 불과했다는 것을 깨닫게 되었습니다. 그렇지만 그는 여전히 또 다른 매트릭스에 갇혀 있는 것은 아닐까요? 또다시 빠져나오기 전에는 알 수 없는 일 아닐까요?

여러분은 스스로가 통 속에 든 뇌가 아니라는 것을 어떻게 알 수 있을까요? 여러분이 경험하는 것이나 통 속에 든 여러분의 뇌가 경험하는 것이나 똑같을 텐데 말이죠. 여러분은 우리가 사는 세상이 꿈이나 매트릭스가 아니라는 것을 과연 알 수 있을까요?

우리는 매트릭스와 현실을 구별할 수 없다

〈매트릭스〉에서 모피어스는 묻습니다.

"너무도 현실같이 느껴지는 꿈을 꿔 본 적 있나?"

네오는 회사에서 스미스 패거리들에게 붙잡힙니다. 그들은 네오를 끌고 가서 취조하다가, 전갈처럼 생긴 벌레를 네오의 뱃속으로 집어넣습니다. 네오가 침대에서 일어납니다. 다행히 끔찍한 꿈이었군요. 꿈에서 깨어난 네오는 트리니티 일행을 만나 차를 타고 갑니다. 그런데 트리니티는 흉측한 기구를 써서 더 흉측한 벌레를 네오의 뱃속에서 꺼내 놓습니다. 이런, 꿈이 아니었단 말인가? 그런데 이 모든 일은 매트릭스 안에서 일어난 일입니다. 매트릭스 자체도 진짜 현실은 아니니, 그렇다면 다시 꿈이라고 해야 할까요? 헷갈리지요?

아주 어린 아이들은 꿈과 현실을 혼동하기도 합니다. 마치 게임에 중독된 사람들이 게임과 현실을 혼동하듯 말이죠. 여러분은 꿈과 현실을 구별할 수 있나요? 현실처럼 생생한 꿈도, 현실처럼 일상적인 꿈도 많습니다. 독한 감기약에 취하면 현실도 몽롱한 꿈같습니다. 또 꿈에서나 일어날 법한 일이 현실에서도 일어납니다. 미국 911 사태나 일본 후쿠시마 원전 사고가 현실에서 발생할 것이라고 누가 감히 상상이나 했겠습니까? 말 그대로 거대한 악몽이지요.

꿈은 흑백이라고요? 컬러로 꿈꾸는 사람도 많습니다. 꼬집어 보면 아나요? 아프지 않다면 꿈이란 걸 알 수 있나요? 그보다 훨씬 이상한 일도 꿈속에서는 자주 일어납니다만 당연하게 받아들여집니다. 물론 꿈에서 꼬집어 봤더니 역시나 아프더라는 사람도 있습니다. 한편 '자각몽**'**이라고 하여 꿈이라는 사실을 인지하면서 꾸는 꿈

■ **자각몽**
루시드 드림 lucid dream. 꿈을 꾸는 동안 갑자기 이것이 현실이 아니라는 생각이 들며, 깨어 있을 때처럼 사물의 색깔까지 생생하게 자각할 수 있다. 반대로 생생한 꿈을 꾸면서 꿈이라는 사실을 자각하지는 못하고 깨어 있는 상태인 것으로 착각하는 것을 거짓각성이라 한다.

샌디 스코글런드, 〈금붕어의 복수〉, 1981

도 있습니다. 반면 현실에서도 이게 꿈인지 생시인지 헷갈리기도 하죠. 그러니 꼬집어 보는 것일 테지만요. 보통은 현실에서 꿈을 꾸지만, 꿈속에서 꿈을 꾸기도 합니다.

모피어스는 계속해서 묻습니다.

"꿈에서 깨어날 수 없다면 어찌하겠나? 꿈의 세계와 현실 세계를 어떻게 구별하지?"

구별할 방법이 없습니다. 꿈과 현실의 구별은 기껏해야 상대적입니다. 오직 깨어난 후에야 우리는 그때까지의 모든 것이 꿈이었음을 알게 됩니다. 그렇지만 깨어난 이후의 세계가 또 다른 꿈이 아니라고 누구도 확신할 수 없습니다. "그대 아직도 꿈꾸고 있는가?"라는 질문은 여전히 유효합니다. 하물며 너무나 똑같아 현실과 도저히 구별할 수 없는 매트릭스라면 오죽하겠습니까? 우리가 사는 세상은 매트릭스일 수도 있습니다. 우리는 매트릭스와 현실을 구별할 수 없습니다.

진짜가 뭐지?

아마 어떤 분들은 이렇게 말씀하실 것입니다.

"그래요, 꿈과 현실을 구별할 방법이 없을지도 모르겠어요. 그렇다 해도 꿈과 현실은 다른 거 아닌가요? 둘을 구별 못 한다 해서 둘이 같은 건 아니죠. 꿈과는 달리 현실은 분명한 실체를 갖고 있거든요. 한마디로, 꿈은 진짜가 아니지만 현실은 진짜라 이겁니다."

"진짜가 뭐지? 진짜를 어떻게 정의 내리지?"

모피어스가 설마 진품과 짝퉁 구별법을 묻는 건 아니겠지요? 그는 '진짜로 있다는 것', '실제로 존재한다는 것'이란 무엇인가'를 묻고 있는 것입니다. 뭔가 심오한 질문인 것 같다고요? 그런데 '진짜'의 정의가 무엇이건 간에, 어떤 것들은 진짜로 있다는 게 우리의 상식입니다. 당분간 상식을 따라가 보기로 할까요?

책상을 생각해 봅시다. 여러분의 방엔 책상이 있고, 그 위엔 노트북, 휴대 전화, 아무렇게나 쌓인 책들, 이리저리 흩어진 필기구, 먹다 남은 음료수가 담긴 병 등이 있습니다. 그래서 여러분은 이것들을 보고 만질 수 있습니다. 휴대 전화의 벨소리를 들을 수 있고, 음료수의 냄새를 맡고 맛을 볼 수도 있습니다. 가끔 어머니와 정겨운 대화가 오갑니다.

"제발 정리 좀 하고 살아라. 버릴 건 좀 갖다 버리고."

"엄마, 신경 쓰지 마세요. 안 보시면 마음 편하시고 좋잖아요."

Is this the real life
is this just fantasy
Caught in a landslide
No escape from reality
Open your eyes
Look up to the skies
and see
이것이 현실일까
아니면 그냥 환상일까
흙더미에 갇혀서
현실을 벗어날 수 없어
눈을 떠 봐
하늘을 올려다 봐
―퀸, 〈보헤미안 랩소디〉
에서

"내가 안 본다고 그게 어디 가겠니?"

그렇죠. 어머니가 안 봐도 음료수 병과 책들은 여전히 존재합니다. 여러분이 방 밖으로 나가면요? 어머니가 갖다 버리지 않는 한, 역시 계속해서 존재합니다. 참, 상식적이죠.

여러분에게는 여러분의 책상이 편하지만 어머니는 보고만 있어도 어지럽답니다. 같은 책상인데 왜 그럴까요? 여러분이 보는 책상과 어머니가 보는 책상이 다르기 때문일 것입니다. 여러분 머릿속의 책상은 그리스 조각처럼 균형과 조화를 이룬 코스모스▪입니다. 반면 어머니 머릿속의 책상은 카오스▪ 그 자체겠죠. 여기서 진짜 책상과 머릿속의 책상 또한 다르다는 점이 매우 중요합니다. 누구의 머릿속이건 관계없이 말이죠. 우리는 감각을 통해서만 책상을 경험하는데, 이때 진짜 책상을 머릿속에 담는 것이 아니라, 그것을 대신하는 무언가를 머릿속에 담습니다. 머릿속에 있는 대신하는 무언가를 어려운 말로 '표상representation'이라고 합니다. 영어로 'present'는 보여 준다는 뜻을 갖고 있습니다. 여기에 접두사 're-'가 붙으면 다시 보여 준다, 즉 재현한다는 뜻을 갖게 됩니다. 영화관 스크린에는 스타 대신 스타의 영상이 나타나죠? 이러한 영상도 일종의 표상입니다. 그렇지만 지금부터는 머릿속 표상에 대해서만 생각합시다. 정리하자면 표상이란 우리가 감각으로 경험한 것이 머릿속으로 들어온 것입니다.

이제 책상의 표상에 대해 조금 더 논의해 봅시다. 편의상 색깔에 대해서만 따져 볼게요. 머릿속 책상, 즉 표상된 책상의 색깔은 일정하지 않습니다. 일단, 보는 위치에 따라 색깔은 달라집니다. 책상에서 반사되어 들어오는 빛이 달라지기 때문이죠. 또 맨눈으로 보느냐, 선글라스를 끼고 보느냐에 따라 달라집니다. 물론 선글라스 렌

▪ 코스모스
코스모스의 어원인 그리스어 코스모스(Kosmos)는 '질서'를 뜻하는 말로 질서와 조화를 지니고 있는 세계나 우주를 가리키는 말. 카오스에 반대되는 말이다.

▪ 카오스
혼돈과 무질서의 상태. 원뜻은 '하품할 때처럼 입을 벌리다'로, 모든 만물이 생겨나는 '캄캄한 텅 빈 공간'을 가리키는 말이었다. 고대 그리스 사람들은 카오스에 질서인 코스모스가 주어져 우주가 생겨났다고 믿었다.

즈 색깔에 따라서도 달라지죠. 현미경으로 본다면 또한 달라질 것입니다. 빛도 중요합니다. 가게에서 직접 보고 고른 옷인데 나중에 색깔이 마음에 들지 않아 속상한 적이 있지요? 낮에 보느냐, 밤에 전등을 켜고 보느냐, 그리고 전등이 백열등이냐 형광등이냐에 따라서도 색깔은 달라집니다.

　이렇게 다양한 색깔들 중 어떤 게 진짜 책상의 색깔일까요? 정상적인 시각을 가진 사람이 통상적인 조건에서 경험한 색깔이 바로 그것이라고요? '통상적인 조건'을 명확하게 규정한다면, 그때의 색깔은 가구점 팸플릿에서는 유용하게 사용될 수도 있겠죠. 그러나 이와 다른 조건에서 나타나는 색깔들은 진짜 책상의 색깔이 아니라고 말할 수 있나요? 색맹인 사람이 느끼는 색깔은 진짜 책상의 색깔이 아니라고 말할 수 있나요? 도대체 무슨 근거로요? 우리는 아무도 진짜 책상의 색깔이 무엇인지 모릅니다. 캄캄한 밤에 불을 완전히 끄면 책상의 색깔은 나타나지도 않습니다. 그렇다면 색깔은 진짜 책상 속에는 없다고 해야 할 것입니다. 요컨대 우리가 진짜 책상의 색깔을 모를 수밖에 없는 까닭은 그런 것이 아예 있지도 않기 때문입니다. 오직 머릿속에 표상된 책상의 경우에만 색깔이 있을 뿐입니다. 그리고 색깔 외에 모양이나 촉감 등에 대해서도 동일한 결론이 나옵니다.

어느새 문제가 심각해졌습니다. 색깔, 모양, 촉감 등이 없는 진짜 책상이란 과연 무엇일까요? 우리는 그것을 알고 있긴 한가요? 우리는 진짜 책상을 알 수 있나요?

존재하는 것은 지각되는 것이다

지금껏 살펴본 바와 같이, 자기 책상이 진짜로 있다는 전제로부터 출발해도 그 책상은 색깔을 갖지 않는다는 결론에 도달합니다. 이제부터는 우리가 상식적으로 받아들이고 있는 그 전제부터 다시 따져 보도록 하겠습니다.

책상이 있다고 할 때, '있다'는 도대체 무슨 뜻일까요? 너무 쉬운 단어라 이 말의 뜻에 대해선 별로 생각해 본 적이 없었죠? 이런 상황을 생각해 봅시다. 아무도 없는 숲에서 나무 하나가 쓰러진다면 소리가 있을까요? 공기의 움직임이 청각기관을 자극할 때, 우리는 소리를 듣게 됩니다. 나무가 쓰러지면 공기는 움직이겠지만, 누구의 청각기관도 자극되지 않습니다. 따라서 이 경우 소리는 없습니다! 숲 속에 누군가가 있다면 들릴 수 있는 소리니 있다고 해야 한다고요? 들릴 수 있는 소리라는 것은 들을 수 있는 사람을 전제합니다. 따라서 들을 수 있는 사람이 없다면, 들릴 수 있는 소리라는 것은 무의미합니다.

■ 조지 버클리
George Berkeley
1685~1753. 영국의 철학
자, 성직자, 성공회 교회의
주교. 회의주의와 무신론
을 극복하기 위해 세상은
감각으로 경험되는 한에
서 존재한다는 상식 밖의
철학적 주장을 펼쳤다. 저
서에 『인간 지식 원리론』
과 『하일라스와 필로누스
의 세 대화』 등이 있다.

친구가 선물로 강아지 한 마리를 사 왔답니다. 혈통이 좋은 강아
지라 냄새가 하나도 안 나는 청결한 아이고, 성대 수술을 해서 짖지
못하는 불쌍한 아이라고 합니다. 그런데 제가 강아지를 보자고 하
자, 보이지 않는 강아지라고 친구가 말합니다. 만져 보자고 하자, 역
시 만져지지 않는 강아지라네요. 이런 강아지가 있을까요? 아니죠.
이런 강아지가 있다면 말도 안 되죠. 벌거숭이 임금님의 옷이 이런
강아지와 비슷하다고 생각하는 사람도 있을 테지만, 벌거숭이 임금
님의 옷은 눈에 보이지 않는 게 아닙니다. 그런 옷은 없습니다. 어떤
것이 지각知覺되지 않고 존재한다는 것은 말이 안 됩니다. 버클리■
라는 영국의 철학자가 유명한 말을 남겼습니다. "존재하는 것은 지
각되는 것이다." 이 말은 세상은 감각으로 경험되는 한에서, 곧 지
각되는 한에서 존재하고, 지각되는 것만이 존재한다는 뜻입니다. 눈
감고 있는 한 꽃은 존재하지 않습니다. 눈 뜨고 보았을 때 꽃은 비로
소 존재하게 됩니다. 다시 눈을 감으면 꽃은 사라집니다.

그렇다면 지각되는 것은 무엇일까요? 책상 같은 소위 '외부 세계
의 대상'은 아닙니다. 앞에서 살펴본 바와 같이, 설령 책상이 진짜로
있다고 해도 우리는 그것의 색깔을 볼 수 없습니다. 모양, 냄새, 촉
감도 마찬가지입니다. 즉 진짜 책상은 지각되지 않습니다. 반면 책
상에 대한 표상, 즉, 감각 경험만은 우리에게 확실하게 지각됩니다.
따라서 진짜 책상은 없고 책상의 표상만 있습니다. 이런 주장을 처
음 접하면 누구나 당혹감을 느낄 것입니다. 우리가 알고 있는 상식
과 너무나 다르기 때문이죠. 그러나 '있다' 또는 '존재'라는 개념을
엄밀히 분석한 결과에 따르면, 잘못된 것은 우리의 상식입니다. 한
번 곰곰이 생각해 보세요. 지금 여러분이 이 책을 읽고 있을 때, 확
실히 존재하는 것은 이 책에 대한 시각 경험과 촉각 경험뿐입니다.

그 같은 감각 경험들을 넘어서서 외부 세계에 책이 존재할 수 없습니다. 감각 경험들을 넘어서면 지각될 수가 없는데, 지각될 수 없으면 존재할 수 없기 때문입니다.

우리의 처지를 비유적으로 말씀드리면 이렇습니다. 우리는 각자 자기 방에 갇힌 채 TV 화면으로 축구 경기를 보고 있습니다. 그런데 화면에 보이는 경기 말고 다른 경기, 소위 '운동장에서 벌어지는 실제 경기' 같은 건 없습니다. 우리에겐 TV 화면이 전부입니다. 그 너머의 세계는 없습니다. 왜냐고요? 존재하는 것은 지각되는 것이니까요. 모피어스는 "진짜가 뭐지? 진짜를 어떻게 정의 내리지?"라고 묻고선 바로 이렇게 답합니다. "진짜라는 건 그저 너의 뇌가 해석하는 전자신호일 뿐이야." '뇌에서 해석된 전자신호'를 머릿속 표상이라고 풀이한다면, 모피어스의 대답은 우리의 결론과 일치합니다.

이야기를 정리해 볼까요? 논증의 전반부에서는 매트릭스와 현실을 구별하는 것이 불가능하다는 주장을 했습니다. 그런데 후반부의 결론은 이보다 훨씬 더 나아갑니다. 우리의 경험이 매트릭스에 의한 것인지, 아니면 실제 현실로부터 나온 것인지 따지는 것은 무의미합니다. 오직 감각 경험들만이 진짜로 존재하기 때문입니다. 감각 경험들로만 이루어진 세계가 우리가 사는 진짜 세계입니다. 이 세계를 '매트릭스'라 부르건 '현실'이라 부르건 아무래도 상관없습니다만 이제부터 '매트릭스'라 부르기로 할까요? 폼 나잖아요.

내가 그의 이름을 불러
주기 전에는
그는 다만
하나의 몸짓에 지나지
않았다.

내가 그의 이름을 불러
주었을 때
그는 나에게로 와서
꽃이 되었다.

—김춘수, 「꽃」에서

아니야,
우리는
현실 세계에 살고 있어

돌을 힘껏 찬다면 어떨까

우리가 사는 세상이 매트릭스라는 논의는 부분적으로 일리가 있습니다. 꿈과 현실을 구별할 수 없다는 논증은 적어도 논리적인 측면에서는 수긍할 수 있습니다. 물론 우리 모두는 지금 이 순간 꿈을 꾸고 있지 않다는 것을 알고 있지만요. 진짜 책상과 머릿속 책상의 구별 또한 충분히 납득할 만합니다. 하지만 외부 세계가 없다는 주장은 받아들이기 쉽지 않습니다. 존재하는 것은 우리의 감각 경험뿐이라서 매트릭스와 현실의 차이를 말하는 것이 무의미하다는 이야기는 반전 드라마의 결론처럼 심하다는 생각이 듭니다. 철학이 말장난이라는 의심도 들고요. 그럼 이런 주장을 어떻게 반박할 수 있을까요? 말의 힘이 달릴 땐 몸을 쓰는 게 최선입니다. 컬럼비아 대학의 총장이었던 존슨은 딱딱한 돌멩이를 발로 힘껏 차고 나서는 "이

제 나는 버클리의 주장을 반박했다."라고 선언했다고 합니다. 우리
가 몸으로 부딪히는 물리적 세계는 엄연히 존재하는 현실이라는 것
을 보여 주는 일화이지요. 발이 엄청 아팠을 겁니다. 요즘 같았으면
펀치 기계를 찼겠죠.

이렇게 존슨이 몸을 써 가며 한 반론은 과연 성공적일까요? 그러
나 아마도 버클리는 존슨의 반론을 별로 심각하게 생각하지 않을 것
입니다. 머리가 나쁘면 몸이 고생한다고 웃을지도 모르죠. 버클리
입장에서 보면, 그 경우에도 존슨에게 존재하는 것은 돌의 시각 경
험, 돌이 발에 닿는 순간의 촉각 및 청각 경험, 그 후 지속되는 통각
경험뿐이거든요. 돌이라는 물리적 대상이 외부에 있는 게 아니라요.

데카르트의 전지전능한 악마

■ 회의론
일반적으로 회의론이란
우리가 무엇인가를 안다
는 것을 부정하는 입장을
말한다. 회의론의 구체적
인 종류는 매우 다양하다.
이 글에서의 '회의론'은 오
직 외부 세계 회의론만을
뜻한다.

■ 르네 데카르트
Rene Descartes
1596~1650, 프랑스의 철
학자. 회의주의자들의 의
심을 끝까지 철저하게 밀
고 나가는 '방법적 회의'
를 통해 "나는 생각한다.
고로 존재한다."는 명제로
근대의 철학적 주체를 확
립해 근대 철학의 아버지
로 불린다. 과학과 수학
분야에도 다양한 업적을
남겼다. 저서에 『방법서설』
『성찰』 등이 있다.

버클리처럼 외부 세계가 존재하지 않는다는 주장을 '외부 세계 회의론'이라고 부릅니다. 명칭만으로도 어떤 내용인지 이제는 알 수 있겠죠? 이 글에서는 편의상 '외부 세계 회의론'을 그냥 '회의론■'이라고만 부르겠습니다. 영화 〈매트릭스〉나 통 속의 뇌 이야기는 이런 철학을 반영하고 있습니다. 그런데 회의론의 원조는 데카르트■의 전지전능한 악마 논증입니다. 비록 데카르트 자신은 회의론자가 아니고, 악마 논증을 펼친 원래 의도도 외부 세계를 부정하는 것은 아니었지만 말이죠. 데카르트는 포부가 큰 사람이었습니다. 그는 의심할 여지없이 확실한 지식을 찾은 후, 그것을 기반으로 지식의 체계를 새로 세우고자 했습니다. 악마 논증은 바로 그 지식 탐사 및 건설 프로젝트의 일부입니다.

의심할 여지없이 확실한 지식을 찾으려면 어떻게 해야 할까요? 간단합니다. 의심해 보면 됩니다. 데카르트가 프로젝트를 수행한 방법도 그러합니다. 데카르트의 책상 위에 지식들이 차례로 올라갑니다. 데카르트는 매번 묻죠. "이게 더 이상 의심할 수 없는 확실한 지식입니까?"

첫 번째로 올라간 후보군은 감각을 통해 얻은 경험적 지식들입니다. 우리는 다른 건 몰라도 자기가 직접 보고, 듣고, 느끼고, 냄새 맡고, 맛본 것만큼은 확실하다고 생각합니다. "내가 분명히 내 이 두 눈으로 똑똑히 봤다니까요." 그러나 의심의 여지가 전혀 없냐고 되묻는다면, 이런 지식들은 당장 탈락입니다. 데카르트는 말합니다. "나는 감각이 때때로 우리를 속인다는 것을 알게 되었다. 우리를 한 번이라도 속인 것은 완전히 믿지 않는 것이 현명하다." 첫 번째 후보군은 탈락입니다.

감각 경험 당시의 순간이 지나면 경험의 내용은 기억으로만 남습니다. 그래서 대부분의 사람들은 자기가 직접 경험해서 기억하는 것만큼은 확실하다고 생각합니다. 그러나 우리의 기억도 역시 믿을 것이 못 됩니다. 사귀다 헤어진 두 친구를 붙잡고 이야기를 들어 보세요. 사실에 대한 해석이 아니라, 기억하는 사실 자체가 다릅니다. 두 사람이 진짜 사귄 게 맞나 싶을 정도로요. 그러나 어느 쪽도 의도된 거짓말을 하고 있지는 않습니다. 각자에겐 자신의 기억이 진실인 거죠.

회의론자에게는 착시나 환청 현상도 아무런 의미가 없습니다. 감각이 잘못된 판단을 한다는 것은 대상과 그 대상에 대한 감각 경험이 일치하지 않는다는 것인데, 회의론자에 따르면 외부의 대상이라는 것은 없잖아요. 따라서 감각의 착각도 일어날 일이 없겠죠. 아니, 일어나는 것이 아예 원천적으로 불가능하죠. 그러나 감각의 착각이 현실에서 종종 일어난다는 사실은 누구도 부인할 수 없습니다.

두 번째 후보는 우리 외부에 세계가 실제로 존재한다는 지식입니다. 바로 우리가 다루는 주제이기도 하죠. "경험적 지식 하나하나는 잘못된 것일 수 있지만, 그런 경험을 가능하게 하는 현실 세계 자체가 존재한다는 것은 확실하지 않나요?" 데카르트에 따르면 이것도 확실하지 않답니다. 현실이 사실은 꿈일 수 있다는 거죠. 꿈의 논증은 앞에서 이미 살펴보았고요.

세 번째 후보군은 수학적 지식들▪입니다. 데카르트 자신이 이렇게 말합니다. "내가 깨어 있든 잠들어 있든 2 더하기 3은 5이며, ……, 이렇게 분명한 진리들이 거짓이거나 불확실하다고 의심할 수 없기 때문이다." 그럼 수학적 지식들은 합격인가요? 데카르트는 전지전

▪ **수학의 확실성**
수학적 지식들은 의심할 수 없는 확실한 것으로 오랫동안 간주되었다. 이들은 경험과 무관하며, '공리'라 불리는 확실한 명제들로부터 논리적으로 나온 결론들로만 이루어진다고 믿어졌기 때문이다. 오늘날에는 수학적 지식의 성격에 대해서도 다양한 의견이 존재한다.

능한 악마를 등장시켜 자신의 말을 곧 뒤집습니다. 2에다 3을 더하면 사실은 4인데, 짓궂은 악마가 5라고 잘못 생각하게 할 가능성도 있다는 거죠. 이런 식이라면 수학의 지식들에 대해서도 여전히 의심의 여지가 있습니다. 이 악마가 바로 매트릭스의 모델입니다. 인간의 모든 경험과 기억을 마음대로 조작할 수 있는 존재죠. 악마는 매트릭스와 달리 컴퓨터나 전선 따위의 하드웨어에 구애 받지 않습니다. 쩨쩨하게 인간을 에너지원으로 사용할 필요도 없습니다. 꿈의 논증이나 악마 논증까지만 보면, 데카르트는 회의론자인지 아닌지 헷갈립니다. 그러나 데카르트 또한 극적인 반전을 준비하고 있습니다.

믿었던 수학적 지식들마저 탈락한 지금, 확실한 것은 아무것도 없어 보입니다. 그때 예상치도 않았던 한 가지 지식이 데카르트의 눈에 뜨입니다. 자신이 지금 이것저것 의심하고 있다는 사실이죠. 이제 데카르트는 자신이 의심하고 있는가를 다시 의심합니다. '내가 의심하고 있나?' 이렇게 의심하는 순간, 의심하고 있는 자신이 존재한다는 사실은 더 확실해집니다. 한 번 더 해 볼까요? '내가 진짜로 의심하고 있나?' 예, 진짜로 의심하고 있는 것 맞네요. 이렇게 의심을 하면 할수록 의심하고 있는 자신이 존재한다는 사실 하나만큼은 더더욱 확실해집니다. 그래서 데카르트는 이렇게 선언합니다. "나는 생각한다. 고로 나는 존재한다▪." '의심' 대신 '생각'이라고 적었는데 별 차이는 없습니다. 의심 혹은 생각의 주체인 내가 확실히 존재한다는 점이 중요하죠.

이제 의심의 여지가 없는 확실한 지식을 겨우 하나 찾았습니다. 그런데 이게 이번 토론 주제와 무슨 상관이냐고요? 데카르트를 조금 더 따라가 봅시다. 현실 세계를 살리려면 악마가 우리를 갖고 놀지 못하게 해야 합니다. 어떻게요? 신이 존재한다는 것을 증명하면

▪ 코기토
"나는 생각한다. 고로 나는 존재한다."는 라틴어로 "Cogito, ergo sum(코기토, 에르소 숨)"이다. 철학사를 통틀어 가장 유명한 명제 중 하나이다. 이 경우 '나'는 생각할 수 있는 능력을 가진 정신적 존재로 충분하다. 따라서 데카르트가 보기에 몸과 마음은 전혀 다르다.

됩니다. 아직까지 확실한 지식은 내가 존재한다는 사실뿐이기 때문에, 이 사실로부터 출발해야 합니다. 자, 내가 있습니다. 내 안에 뭐가 있나 잘 살펴봅니다. 무한하고 완전한 존재인 '신'이라는 개념이 있네요. 이 개념은 내가 만든 것이 아닙니다. 왜냐하면 나는 유한하고 불완전한 존재기 때문이죠. 오직 무한하고 완전한 존재만이 이러한 개념을 만들 수 있습니다. 따라서 신이 '신' 개념을 만들어 나에게 심어 놓은 것이 분명합니다.■ 그러므로 신은 존재합니다. 그리고 신은 선한 존재이기 때문에, 전지전능한 악마가 매트릭스 장난질을 치거나, 우리가 평생 꿈속에서 헤매도록 놓아두지 않을 겁니다. 결론적으로 현실은 매트릭스가 아닙니다.

■ 상표 논증
이러한 논증을 상표 논증이라 한다. 상품 제작자가 상품에 상표를 찍듯이 신이 '신'이라는 개념을 자신의 흔적으로 남겼다는 뜻이다.

진실은 상식의 가슴에

데카르트의 논증은 어째 끝으로 갈수록 좀 허무합니다. 방영 일자에 쫓겨 급하게 찍은 드라마 같기도 합니다. 독일의 철학자 라이프니츠■는 이렇게 말했다고 합니다. "데카르트는 너무 심각하게 의심을 시작했고, 너무 수월하게 의심에서 빠져나왔다." 데카르트 스스로는 회의론을 반대하기 위해 위와 같은 논증을 했지만, 결과적으로는 회의론 편이 되어버린 것 같네요. 역설적이게도 우리가 얻을 수 있는 한 가지 교훈은 외부 세계가 존재한다는 것을 증명하기가 쉽지 않다는 것입니다. 어째서 그럴까요?

우리가 직접 지각할 수 있는 것은 우리 머릿속 대상, 즉 표상뿐입니다. 진짜 책상과 같이 외부 세계에 존재하는 대상, 즉 실재는 우리의 경험을 벗어납니다. 우리는 단지 그것을 추론해 낼 뿐입니다. 영국의 철학자 러셀은 이렇게 말합니다. "외부 세계가 독립적으로 존

■ 고트프리트 라이프니츠
Gottfried Leibniz
1646~1716, 독일의 철학자, 수학자. 더 이상 쪼갤 수 없는 비물질적인 실체인 모나드가 모든 존재의 기본이라는 '단자론', 신이 미리 정한 법칙에 따라 세상이 움직인다는 '예정조화설' 등을 주장했으며, 미분과 적분법을 발견하는 등 철학, 수학, 물리학, 지리학, 생물학, 정보기술, 법률, 어학, 중국학에서 수많은 업적을 남겼다. 저서에 『단자론』 등이 있다.

데니스 그루엔스테인, 〈헤드 헌터〉, 2009

재한다는 우리의 근원적 믿음이 논증에 의해 나오는 것은 아니다."
여기까지는 회의론자와 생각이 크게 다르지 않습니다. 물론 회의론
자는 그런 추론의 근거가 없으므로 '우리의 근원적 믿음'은 결코 정
당화되지 못한다고 하겠지요.

여기서 잠시 버클리 식의 회의론에 대해 꼭 짚고 넘어갈 것이 있
습니다. "존재하는 것은 지각되는 것이다."는 은밀한 재정의의 오
류■를 범하고 있습니다. 우리는 '존재'란 말을 그런 식으로 사용하지
않습니다. 버클리처럼 '존재'를 사용하면, 아닌 게 아니라 "외부 세
계가 존재한다."는 주장은 그 자체로 모순입니다. 왜냐고요? '외부
세계'는 말 그대로 우리의 지각 바깥의 세계입니다. 그런데 버클리
에 따르면 지각되지 않는 것은 존재하지 않습니다. 따라서 위 주장

■ 은밀한 재정의의 오류
어떤 개념을 다른 사람
이 눈치채지 못하게 자신
만의 특별한 뜻으로 정의
해 놓고 그 정의에 들어맞
지 않는다고 상대방을 비
판하는 것. "김치도 안 먹
는데 한국인이야?"가 이
런 오류에 해당한다고 할
수 있다. '한국인'을 김치를
좋아하는 한국 국적의 사
람으로 은근슬쩍 정의하고
있기 때문이다.

은 존재하지 않는 것을 존재한다고 하는 것이니 버클리에게는 모순인 것입니다. 그런데 "둥근 사각형이 존재한다."와 같이 정말 모순된 명제라면 이해는커녕 상상조차 불가능합니다. 그러나 우리는 직관적으로, 또 상식적으로 "외부 세계가 존재한다."는 주장을 얼마든지 이해할 수 있습니다. 그 주장은 결코 모순되지 않습니다. 따라서 버클리처럼 '존재'라는 말을 사용하면 안 됩니다.

외계인의 경우를 볼까요? 현재 우리는 외계인을 감각으로 경험할 수 없습니다. 만약 존재한다고 해도 지구에서 너무 멀리 떨어져 있기 때문이죠. 그러나 우리는 "수십억 광년 떨어진 어떤 혹성에 외계인이 존재한다."라는 말을 이해하고 그것이 사실일 수도 있다고 생각합니다. 요컨대 버클리 식으로 '존재'를 정의하면, "눈에 보이지 않는 세균이 존재한다."와 같이 지각되지 않는 것이 존재한다는 주장은 난센스가 됩니다. 그러나 상식적으로 볼 때, 존재하는 것은 지각되는 것에 의존하는 것이 아닙니다. 오히려 지각되는 것이 존재하는 것에 의존합니다. 존재하는 것 중에는 지각되는 것도 있고, 그렇지 않은 것도 있다는 말입니다. 우리는 인류가 없었던 세계라든지, 인류가 없어진 후의 세계를 상상할 수 있으며, 이 세계는 인류의 존재와 상관없이 존재할 수 있다고 생각합니다. 우리가 지각하지 못하는 것도 이 세상에는 얼마든지 존재할 수 있습니다.

우리는 현실을 살아간다

이제 두 갈래 길이 있습니다. 하나는 회의론의 길이고 다른 하나는 상식의 길입니다. 둘 다 논리적으로는 흠잡을 데가 없습니다. 회의론의 주장대로 나 자신과 나의 경험 및 생각들만 존재하는 것, 즉 매

■ 마틴 하이데거
Martin Heidegger
1889~1976. 독일의 대표적 실존철학자. 존재자들을 저마다의 존재자로 존재하게 하는 존재 그 자체를 해명하고자 했다. 제2차 세계대전 중 나치에 협력한 관계로 전후 한때 대학에서 추방되었으나 곧 복직했다. 저서에 『존재와 시간』 등이 있다.

트릭스 속에서 사는 것도 가능합니다. 그러나 "존슨이 길을 걸어감에 따라 적절한 풍경이 그의 머릿속에서 그때그때 만들어지고, 그가 발을 내미는 순간 돌이 닿는 느낌이 재빨리 만들어진다."는 식의 설명을 누가 과연 진지하게 받아들일까요? 회의론자들조차도 일상에선 자신들의 입장을 철저하게 견지하지 못할 것입니다. 좋아하는 사람의 손을 잡을 때, 그 손의 촉감만 존재한다는 것은 이상합니다. 그보다는 그 사람의 손이 외부 세계에 실제로 존재하고, 그것이 따뜻하고 부드러운 촉각 경험을 일으킨다고 생각하는 편이 훨씬 그럴듯합니다.

러셀은 외부 세계의 존재에 대한 상식적인 믿음은 본능적인 것이고 우리의 경험에 대한 설명을 가장 단순하게 체계화시켜 준다고 말합니다. 오스트리아의 철학자 비트겐슈타인에 따르면, 외부 세계가 있다는 주장은 '배경 가정'인 근본적인 믿음이기 때문에, 그런 주장을 의심하는 것은 무의미합니다. 독일의 철학자 하이데거■는 세계 안에 살고 있는 우리가 세계가 실재한다는 것을 증명하려고 시도하는 것이야말로 난센스라고 말합니다. 터무니없는 주장을 하는 사람이 아니고서는 누구라도 머릿속 표상들과 토론하고 표상들을 설득하려고 하진 않을 것입니다. 증명할 수 없다고 외부 세계를 없애는 것이 아니라 비록 증명하진 못하더라도 그것을 인정하는 것이 정직하고 솔직한 태도입니다. 우리가 매트릭스 속이 아니라 현실 세계에서 살아간다는 것은 너무나 분명합니다.

● 두 글에서 주장의 근거로 제시한 내용을 각각 요약해 봅시다.

● 다음 쟁점에 대하여 자신의 입장을 정하고 근거를 제시해 봅시다.

쟁점1 우리는 꿈과 현실을 구별할 수 없다.

	그렇다	아니다
근거		

쟁점2 진짜 책상은 색깔을 갖고 있지 않다.

	그렇다	아니다
근거		

쟁점3 감각을 통해서는 확실한 지식을 얻는 것이 불가능하다.

	그렇다	아니다
근거		

● 실제 삶에서 회의론을 철저하게 유지하는 사람은 매우 드뭅니다. 그 이유는 무엇일까요? 그리고 철학에서 회의론이 하는 역할로는 무엇이 있을까요? 회의론자가 아님에도 불구하고 회의론을 사용한 데카르트를 보고 생각해 봅시다.

무엇을 상상하든 그 이상을 보게 될 것이다

『장자』의 세계

동양 고전 중 『장자』처럼 재미있는 책도 드물 것입니다. 나비의 꿈 외에도 『장자』에는 우리의 상상력을 자극하는 기상천외한 이야기들이 많습니다. 시작부터 그렇습니다. 북쪽 바다에 몸길이가 수천 킬로미터에 이르는 물고기가 있는데, 그것이 새가 되어 남쪽 바다로 날아간답니다. 이런 이야기들을 깊게 생각하다 보면, 우리 삶이 조금은 더 풍요로워질 것입니다. 몇 가지만 더 볼까요?

꿈속에서

꿈속에서 즐겁게 술 마시던 사람이 아침이 되면 슬프게 운다. 꿈속에서 슬프게 울던 사람이 아침이 되면 즐겁게 사냥하러 나간다. 꿈을 꾸고 있을 때는 그것이 꿈인 줄 모른다. 꿈속에서 길몽인지 흉몽인지 점쳐 보기도 하다가 깨어나서야 비로소 그것이 꿈이었다는 것을 알게 된다. 크게 깨어나면 삶 또한 한바탕 큰 꿈이었다는 것을 알게 된다. 그러나 어리석은 사람들은 스스로 깨어 있다고 생각하고 아는 체를 한다. 임금이라고 귀하게 여기고 마소 치는 목동이라고 천하게 여긴다. 옹졸하기 짝이 없는 사람들이다. 공자도 당신도 모두 꿈을 꾸고 있다. 내가 공자나 당신이 꿈을 꾸고 있다고 말하는 것도 역시 꿈이다.

물고기의 즐거움

장자가 혜자와 함께 호수의 다리 위를 산책하고 있었다. 장자가 말했다. "물고기가 자유롭게 헤엄치고 있으니 이것이 물고기들의 즐거움이겠지." 혜자가 말했다. "자네는 물고기가 아닌데 어떻게 물고기의 즐거움을 아는가?" 장자가 말했다. "자네는 내가 아닌데 어떻게 내가 물고기의 즐거움을 알지 못한다는 것을 아는가?" 혜자가 말했다. "물론 나는 자네가 아니니까 자네를 알지 못하네. 그렇지만 자네도 물고기가 아니니까

물고기의 즐거움을 알지 못한다는 것은 인정해야지." 장자가 말했다. "자, 처음 질문으로 돌아가 보세. 자네는 나더러 어떻게 물고기의 즐거움을 아느냐고 했지. 이 말은 자네가 이미 내가 물고기의 즐거움을 안다는 것을 알고 물은 것이네. 나는 호숫가에서 물고기의 즐거움을 알았다네."

우물 안 개구리

가을에 홍수가 나서 여러 강물이 황하黃河로 흘러들었다. 물이 끊임없이 불어나 황하 양쪽의 경계가 다 사라졌다. 황하의 신은 흐뭇해하며 자기가 세상에서 제일 크다고 생각했다. 그는 물의 흐름을 따라 동쪽으로 내려가다가 북해北海에 이르렀다. 거기서 동쪽을 보니 어찌나 넓은지 물의 끝이 보이지 않았다. 그제야 그는 얼굴을 돌려 북해의 신을 올려다보고 한숨을 지으며 말했다. "'도에 대해 백 번을 들으면 저보다 나은 이가 없는 줄 안다.'라는 옛말이 바로 저를 두고 하는 말이군요." 북해의 신이 대답했다. "우물 안 개구리에게는 바다에 대해 말해 봐야 소용없습니다. 자기가 살고 있는 장소에 매여 있기 때문입니다. 여름 벌레에게 얼음에 대해 말해 봐야 소용없습니다. 자기가 살고 있는 때에 매여 있기 때문입니다. 마음이 굽은 선비에게 도에 대해 말해 봐야 소용없습니다. 자기가 배운 가르침에 매여 있기 때문입니다. 지금 당신은 좁은 강에서 나와 큰 바다를 보고 비로소 스스로가 얼마나 미미한지 알게 되었습니다. 이제 당신에게 커다란 이치에 대해 말할 수 있습니다."

바닷새의 비극

봉황을 닮은 거대한 바닷새가 노魯나라 서울 근교에 날아와 앉았다. 노나라 임금은 이 새를 데리고 와 기쁘게 맞이했다. 최고급 술을 권하고, 노나라 최고의 음악을 연주해 들려주며, 소와 돼지와 양을 잡아 대접했다. 그러나 새는 어리둥절하고 슬퍼할 뿐 고기 한 점 먹지 않고 술 한 잔 마시지 않더니, 결국 사흘 만에 죽어 버렸다. 이는 노나라 임금이 자기가 좋아하는 방식으로 새를 대접했지, 새가 좋아하는 방식으로 새를 대접하지 않았기 때문이다.

9 신

그래,

신은

분명히 있어

아니야,

신은

존재하지 않아

● 신은 존재할까요? 이 물음은 사람이 살다 보면 한 번쯤은 부닥치게 마련인 물음입니다. 그리고 누구나 저마다의 대답을 갖고 있지요. "존재한다!", "존재하지 않는다!", "결코 알 수 없다!", "존재하건 말건 중요하지 않다!" 등으로 말이에요. 어떤 대답이냐에 따라 그 사람이 행동하는 방식, 세상을 이해하는 방식, 죽음을 바라보는 방식이 달라질 것입니다. 신이 존재하기 때문에 삶의 의미가 있고, 세상에 도덕이 존재하며, 사후의 세계가 있다고 생각해 열심히 살아가는 사람들이 있습니다. 반면 신과 상관없이 삶의 의미는 스스로 찾아야 하고, '신'의 이름으로 종교전쟁과 같은 부도덕한 일들이 숱하게 일어났으며, 사후 세계를 믿는 대신 한 번뿐인 소중한 삶이기에 죽을 때 후회가 없도록 열심히 살아야 한다고 말하는 사람들도 있습니다. 서양 중세와 근세의 철학자들은 다양한 방식으로 신의 존재를 증명한 반면 현대의 과학자인 도킨스는 '신'이라는 망상에서 빨리 깨어나야 인류의 파멸을 막을 수 있다고 주장했지요.

친구인 주은혜와 고무신이 길에서 마주쳤네요. 언제나 생글생글 웃는 은혜와 언제나 모든 것을 의심하는 무신이 오늘은 신의 존재 여부를 놓고 이야기를 나눕니다. 우리가 주의할 점은, 신 존재 증명이 특정 종교를 옹호하거나 비난하는 논쟁이 아니라는 사실이에요. 철학은 철학일 뿐, 오해하지 맙시다!

주은혜   내 기도하는 그 시간 그때가 가장 즐겁다~♬ 오늘 은혜 아주 많이 받고 왔어. 너무 좋아.

고무신   교회 갔다 오는 길인가 보구나. 넌 존재 자체가 이미 은혜잖아. 그런데 또 무슨 은혜를 받아?

주은혜   하나도 안 웃기거든. 썰렁해. 너와 달리 주님은 진정한 기쁨을 주셔. 아침, 점심, 저녁 주님의 이름을 세 번만 부르면 자연스레 웃음이 나와. 주님께선 말씀하셨어. "너는 나를 불러라. 내가 대답하리라. 나는 네가 모르는 큰 비밀을 가르쳐 주리라." 그래서 난 노래하지. 하느님을 불러 봐 넌 웃을 수 있고~♪ 하느님을 불러 봐 넌 시험 합격해~♪

고무신   으흠, 하느님을 부르면 살도 빠지고 키도 커지고 더 예뻐지겠구나.

주은혜   그래, 이제야 말이 좀 통하는구나. 우리 함께 교회 나가자.

고무신   성경에 나오는 "들을 귀가 있는 사람은 알아들어라."는 참 좋은 말이야. 그런데 하느님을 부신은 무엇일까요? 사람들이 원하는 것을 들어주고 이루어주는 램프의 요정 같은 분일까요? 그렇진 않겠죠. 많은 사람들은 신이 악을 싫어하는 최고로 선한 존재라고 생각합니다. 또 '공부의 신'이나 '신이라 불리운 사나이'라는 말에서 알 수 있듯이, 절대적이고 초월적인 존재라고도 생각합니다. 이런 신이 정말 있을까요? 우리는 이 문제에 대해 어떻게 철학적으로 접근할 수 있을까요?

름 수 있다고 해서 하느님이 있다고는 할 수 없잖아. 우리는 슈렉이나 투슬리스도 얼마든지 부를 수 있으니까. 물론 부른다고 걔들이 달려오진 않겠지만. 아무튼 하느님이 있다는 것을 증명해 봐. 그럼 교회 나갈게.

주은혜   그건 아주 간단해. 성경에는 하느님이 천지를 창조하셨다고 나와 있어. 최초의 인간인 아담과 이브도, 그리고 뱀도 하느님이 만드셨어. 하늘과 땅, 인간과 뱀이 있다는 것은 너도 인정하잖아. 그러니까 하느님은 존재해.

고무신   그러니까 네 말은 성경이 하느님이 있다는 것을 증명한다는 거지? 그러기 위해선 일단 성경이 참이어야 하겠네. 그런데 그건 어떻게 알 수 있지?

주은혜   들어 봐. "성경은 전부가 하느님의 계시로 이루어진 책으로서 진리를 가르치고 잘못을 책망하고 허물을 고쳐 주고 올바르게 사는 훈련을 시키는 데 유익한 책입니다."라고 성경에 나와 있으니깐. 하느님의 계시로 이루어진 책은 진리일 수밖에 없지 않을까?

고무신   성경은 하느님의 말씀이기 때문에 참이라는 이야기로구나. 그런데 성경이 하느님의 말씀이라는 근거 또한 성경 말씀이네. 뭔가 좀 이상하지 않니?

주은혜   어리석은 사람들은 속으로 '하느님이 어디 있느냐?' 말하지만 하느님을 두려워하여 섬기는 것이야말로 지혜의 근본이야. 인간의 제한된 논리로 하느님을 재단하려는 것은 어리석은 일이야. 하지만 좋아! 특별히 널 위해 이번에는 수학적으로 증명해 줄게. $e^{i\pi}+1=0$ 이야. 그러므로 하느님은 계셔. 증명 끝.

고무신   그 식에 나오는 기호들은 뭐지? 'e'와 'i'는 뭘 뜻해?

주은혜   잘 봐. e 는 자연로그의 밑, i 는 제곱해서 -1이 되는 수야.

고무신   그런데 이 수식이 하느님의 존재와 무슨 관계지?

주은혜   무척 아름답잖아. 물리학자 파인만은 이 등식을 "수학에서 가장 비범한 식"으로 불렀대. 수학에서 가장 중요한 다섯 개의 상수(e , i , π , 1, 0)와 네 개의 연산(거듭 제곱, 곱셈, 덧셈, 등호)이 들어있기 때문이래. 이렇게 오묘한 수식이 어떻게 저절로 생겼겠니? 이런 수식을 사람들이 어떻게 만들어 낼 수 있겠어? 하느님의 작품임이 틀림없어.

고무신   이게 수학적 증명이라고? 어떤 수학자도 그렇게 생각하지 않을 거야.

주은혜   아니야. 난 사실 위대한 수학자 오일러를 흉내 낸 거야. 오일러는 무신론자인 철학자 디드로에게 이렇게 선언했대. "선생님, $\frac{a+b^n}{n}$=x 입니다. 그러므로 하느님은 존재합니다." 디드로는 오일러에게 한 마디 반박도 못했대.

고무신   말하자면 오일러가 수학 공포증이 있는 순진한 디드로를 겁줘서 굴복시킨 거네.

주은혜   별로 마음에 안 들어? 그럼 확률적으로 증명해 줄게. 나로선 좀 귀찮긴 하지만, 성경의 영감 대신 인간의 논리를 따르는 너와 대화하려면 어쩔 수 없는 일이지. 잘 들어 봐. 지금부터는 모든 가능성을 열어 두자고. 하느님은 계실 수도 있고 계시지 않을 수도 있어. 그리고 네가 하느님의 존재를 믿을 수도 있고 믿지 않을 수도 있어. 여기까지 동의해?

고무신   동의해. 그렇다면 모두 4가지 가능성이 있겠네.

주은혜   맞아. 먼저 네가 하느님을 믿는 경우부터 볼까. 네가 하느님을 믿고 또 하느님이 실제로 계시다면 이보다 더 좋을 순 없어. 너는 하느님을 믿고 천국에서 영생을 누리게 될 거니까. 하지만 네가 하느님을 믿는데 하느님이 계시지 않는다고 해도 크게 나쁠 건 없어. 교회에 다니느라고 시간과 에너지를 좀 쓰겠지만 말이야. 대신 예쁜 여자 친구도 만나고 여러 사람들과 인맥도 쌓을 수 있잖아. 교회에 다닌다고 꼭 재미없게 살아야 하는 것도 아니야. 다음에는 믿지 않는 경우를 볼까. 네가 하느님을 믿지 않고 하느님도 계시지 않는다면, 이 또한 나쁘진 않아. 너에겐 지금 주어진 삶이 유일한 전부야. 한 번뿐인 인생, 네 마음대로 살다 가면 그만이라고. 문제는 마지막 가능성이야. 너는 하느님을 믿지 않는데 만약 하느님이 진짜로 계시다면? 정말 난감한 경우지. 지옥행 급행열차에 오르게 될지도 모르는 일 아니야? 끔찍하지? 이익의 최대화와 손실의 최소화를 원한다면 마땅히 하느님의 존재를 믿어야 하지 않을까?

고무신   재미있는 논리구나. 그런데 그렇게 생각한다면 '신'을 기독교의 하느님으로 한정해서는 곤란하지 않을까? 보험을 한 가지만 들어서야 되겠어? 모든 지역, 모든 민족, 모든 종교의 신들을 다 믿어야 안전하다고. 하지만 다 믿으면 이번엔 '질투의 하느님'이 널 가만두지 않을걸. 기독교의 하느님 오직 한 분만 믿었다고 해도 결과는 마찬가지야. 그런 식의 신앙을 그분이 용납하겠니? 보다 근본적인 문제는 네 논증은 여전히 하느님의 존재를 보이지 못한다는 점이야. 네 논증의 결론은 하느님의 존재를 믿는 편이 합리적이라는 거지 그 이상은 아니야. 네가 믿는 하느님은 앞으로도 결코 증명되지 못할 거야.

그래,
신은
분명히 있어

전지, 전능, 지선한 신

신이 존재하는지 그렇지 않은지 논쟁하기에 앞서, 우선 신이 무엇인가 하는 문제부터 해결해야 합니다. 일단 우리가 알고 있거나 들어본 신들을 나열해 봅시다. 그리스 신화에는 제우스 · 포세이돈 · 하데스가, 이집트 신화에는 오시리스 · 이시스 · 호루스가 등장합니다. 힌두교 신화에서 가장 유명한 신은 브라마 · 비슈누 · 시바인데 각각 우주의 창조, 유지, 파괴를 주관한다고 하네요. 북유럽 신화에서는 오딘이 유명합니다. 영어의 수요일 Wednesday는 '오딘의 날'이라는 뜻입니다. 단군신화에 나오는 환인 · 환웅 · 단군은 다들 잘 아시죠? 참, 우리 시대 최고의 신 맘몬▪을 뺄 뻔했군요.

어때요? 신들이 너무 많고 다양하죠? 이들 모두를 아우르는 공통된 속성, 즉 본질을 찾고 이로부터 신의 존재를 입증하기는 쉽지 않

▪ **맘몬 Mammom**
사람들의 삶에서 거의 신처럼 중요해진 돈, 재물, 부를 가리키는 말. 신약성서에서 유래

214

을 듯합니다. 그렇다고 개별 신들의 존재를 각각 증명하는 일도 만만치는 않겠네요. 이런 신들에 대한 논의는 접어 두고, 실제 우리 삶에 큰 영향을 끼치고 있는 신들부터 살펴볼까요? 바로 기독교, 유대교, 이슬람교에서 섬기는 유일신입니다. 우리가 주목해야 할 점은 종교 간의 차이에도 불구하고 이 유일신이 최소한 전지全知, 전능全能, 지선至善이라는 속성을 갖는다는 사실입니다. 모든 것을 알고 모든 것을 할 수 있고 가장 선한 신이 존재하는지 알아봅시다.

우주의 설계자, 신

사막을 걷다가 시계 하나를 발견했다고 합시다. 그 시계가 우연히 생겨난 것이라고 생각할 사람은 아무도 없을 것입니다. 시계는 매우 복잡하고 정교한 기계이기 때문입니다. 지성을 가진 누군가에 의해서 만들어진 것이라고 생각할 수밖에 없습니다. 그런데 우주는 시계와는 비교도 되지 않을 만큼 복잡하고도 정교한 기계입니다. 어떻게 보면 시계의 정확한 작동조차도 우주에 존재하는 놀라운 규칙성의 반영일 뿐입니다. 국제표준시계는 세슘원자시계인데 이것은 세슘 원자의 주기적인 진동을 이용하고 있습니다.

그러므로 이러한 우주가 우연히 발생했다고 생각하기는 어렵습니다. 누군가 지성을 가진 존재에 의해서 설계되었다고 보는 것이 합당합니다. 이 존재가 바로 신입니다. 현대의 표준 우주 이론인 대폭발 이론에 따르면, 우주가 탄생하는 순간이 있었다고 합니다. 이것은 우주의 설계자로서의 신이 있

"바닷가 모래톱에 시계 하나가 놓여 있다고 하자. 이것을 보고 바닷물 속의 철분이 뭉쳐져서 철판이 되고, 바람과 파도의 풍화작용에 의해 나사가 만들어졌다고 하면 말이 되는가."
—윌리엄 페일리 자연신학에서

다는 주장을 뒷받침하는 사실이 아닐까요?

우주 전체를 '대우주'라고 부른다면, 우주의 일부인 인간은 '소우주'라고 할 수 있습니다. 소우주의 경우에도 앞의 논증은 동일하게 작용합니다. 흔히들 '인체의 신비'라고 말하죠? 그만큼 우리 몸은 복잡하면서도, 생존에 적합하도록 잘 만들어져 있습니다. 이목구비耳目口鼻는 외부의 정보를 민감하게 감지하고, 오장육부五臟六腑는 호흡, 소화, 비뇨 등의 기능을 담당합니다. 각각의 기관들이 자신들에게 맡겨진 역할을 훌륭하게 수행하면서 서로 유기적으로 협력합니다. 이런 인간이 우연히 발생할 수 있을까요? 무작위적인 물리 과정을 거쳐 나올 수 있을까요? 아닙니다. 누군가가 설계한 것이 분명합니다.

우주를 시계와 비교했듯이, 인간을 로봇과 비교해 볼까요? 두 발로 걷는 휴보는 우리나라의 뛰어난 과학자들이 오랜 기간 연구 끝에 개발한 인간형 로봇입니다. 그런 휴보의 걸음걸이도 인간의 자연스런 걸음걸이에는 턱없이 미치지 못합니다. 그렇다면 인간을 설계한 존재는 최고의 기계공학 전문가라고 할 수 있지 않을까요? 우리 인류의 기계공학 수준은 그에 비하면 정말 아무것도 아닙니다.

디지털 컴퓨터는 어떨까요? 똑똑한 사람을 컴퓨터라고 부르는 것은 칭찬이 아니라 욕에 가깝습니다. 물론 컴퓨터가 인간의 두뇌보다 더 나은 점도 있습니다. 예컨대 계산이나 기억은 잘하죠. 그러나 전체적으로 보면 컴퓨터는 인간의 두뇌를 도저히 따라올 수 없습니다. 손 글씨를 읽는 건 컴퓨터에겐 아주 고역입니다. 읽는 것도 힘든데 의미를 이해하고 처리하는 건 더더구나 힘들겠죠. 반면 초등학생도 읽기와 쓰기를 통해 타인의 생각을 이해하고 자신의 생각을 표현합니다. 그렇다면 인간을 설계한 존재는 최고의 지능형 시스템 전문가 이기도 합니다. 이렇듯 모든 분야에서 지적으로 가장 탁월한 설계자가 신이 아니라면 도대체 무엇이겠습니까?

최초의 원인, 신

첫 번째 논증은 우주와 인간의 모습에 대한 관찰로부터 출발했습니다. 자연을 자세히 살펴보면 신의 존재를 확인시켜 주는 증거를 이 외에도 얼마든지 발견할 수 있습니다. 정교한 거미줄, 독수리의 뛰어난 눈과 날개를 보며 우리는 신의 솜씨에 감탄합니다. 말하자면 신은 세상 만물에 다음과 같은 표시를 해 놓은 셈입니다. "Made by GOD."

이제 두 번째 논증을 시작합니다. 이 논증은 우주에 무엇인가가 존재한다는 사실로부터 출발합니다. 모든 것은 그에 앞서는 다른 어떤 것으로부터 생겨났다는 것을 우리는 알고 있습니다. 어떤 것도 원인 없이 불쑥 생겨나지는 않습니다. 여러분이 앞으로 무엇이 될지, 누구와 결혼할지, 언제 이 세상을 떠나게 될지는 몰라도, 여러분이 왜 있게 되었는지는 확실히 알고 있지요? 바로 부모님 덕분입니다. 즉, 여러분의 원인은 부모님입니다. 그렇다면 부모님의 원인은? 조부모님, 외조부모님이죠. 그렇다면 조부모님, 외조부모님의 원인은? ……. 이렇게 계속해서 원인과 결과로 연결된 고리, 즉 인과 고리를 거슬러 올라갈 수 있을 것입니다.

어디까지 올라갈 수 있을까요? A_1의 원인 A_2, A_2의 원인 A_3, A_3의 원인 A_4,……. 이런 식으로 원인을 찾아 끝도 없이 올라가는 것이 가능할까요? 그럴 리가 없습니다. 무한 퇴행은 불가능합니다. 어디선가 인과 고리의 시작점, 즉 최초의 원인이 있을 수밖에 없습니다.

"모든 사물은 자기 존재의 원인을 가져야 하기 때문에 원인에 있어서 무한히 소급해 갈 것이다. 그런데 지성 존재는 형상과 존재인 것인 분명하며 그것은 또한 순존재뿐인 제1존재로부터 존재를 갖는 것이 분명하다. 이것은 제1원인, 즉 신이다."
─토마스 아퀴나스, 『존재자와 본질에 대하여』에서

우주의 대폭발 이론은 이번에도 이런 주장을 뒷받침합니다. 대폭발 이론에 따르면, 지금의 우주는 대략 140억 년 전에 크기가 0이고 밀도와 온도가 무한대인 점, 곧 특이점■으로부터 대폭발을 거쳐 탄생했습니다. 따라서 특이점은 시간과 공간, 그리고 우주 만물을 낳은 '씨앗'이라고 할 수 있습니다.

그렇다면 최초의 원인이 특이점일까요? 그렇지는 않습니다. 특이점은 현재의 물리학의 법칙이 전혀 들어맞지 않는, 말 그대로 특이한 점이지만, 어디까지나 물질입니다. 물질이라면 무無에서 저절로 발생할 수는 없습니다. 그렇다면 특이점의 원인은 무엇일까요? 물질이 아니어서 인과 고리의 시작점이 될 수 있으면서도, 시공간과 우

218

주 만물의 궁극적인 원인인 존재가 과연 누구일까요? 바로 신입니다.

완전한 존재, 신

마지막 논증입니다[■]. 여기에는 어떤 경험적 증거도 필요하지 않습니다. 우리는 신의 속성으로부터 출발해서 신은 존재한다는 결론을 이끌어 낼 수 있습니다. 마치 유클리드 기하학에서 삼각형의 정의로부터 그것의 세 내각의 합이 180도라는 결론을 이끌어 내듯이 말입니다. 신은 모든 것을 알고 모든 것을 할 수 있는 존재라고 했습니다. 다르게 말하면, '완전한 존재'라고 할 수 있을 것입니다. 자, 이제 두 가지 경우가 있습니다. 완전한 존재인 신이 실제로 존재할 수도 있고, 완전한 존재인 신이 실제로 존재하지 않을 수도 있습니다. 이외의 다른 경우는 없습니다. 그런데 두 번째 경우는 모순입니다. 왜냐하면 실제로 존재하지 않는 신은 완전하지 않기 때문입니다. 존재하지도 않는 신을 어떻게 완전하다고 할 수 있겠어요? 따라서 두 번째 경우는 논리적으로 불가능합니다. 그러므로 완전한 존재인 신은 실제로도 존재합니다.

■ **신 존재 증명의 이름**
우주의 설계자 논증을 '목적론적 증명', 최초의 원인 논증을 '우주론적 증명', 완전한 존재 논증을 '존재론적 증명'이라고도 한다.

아니야,
신은
존재하지 않아

최초의 원인 논증 비판

신이 있음을 증명하는 논증들은 명백하고도 치명적인 공통의 약점을 갖고 있습니다. 어떤 논증을 받아들인다고 해도, 결론에서 증명된 신은 전지전능하고 지선한 유일신이 아니라는 것이 그것입니다. 신의 존재를 증명하기 위해 사용된 논증 중 최초의 원인 논증부터 검토해 볼까요? 이 논증에 대해 당장 제기할 수 있는 질문은 이것입니다. "그렇다면 신의 원인은 뭐죠?" 이 질문은 정당합니다. 왜냐하면 이 논증의 전제는 모든 것은 원인을 갖는다는 것이기 때문입니다. 이러한 전제로부터 신은 원인 없이 존재한다는 결론이 나오므로 논증의 전제와 결론은 상호 모순됩니다. 물론 이 논증을 조금 더 들여다보면, 이런 반론을 대비한 장치가 있기는 합니다. 물리적 대상이라면 당연히 원인이 있어야겠지만, 그렇지 않은 신은 예외적으로 원인이 없다는 것이죠.

그러나 물리적 대상이 아닌 신이 어떻게 특이점이라는 물리적 대상과 연결될 수 있는지 알 수 없습니다. 논증에서 사용된 인과 고리는 애초에 물리적 대상들을 원인과 결과로 연결시켜 주던 것이 아니었던가요? 혹은 어차피 원인을 갖지 않는 예외를 인정하기로 한다면 특이점을 최초의 원인으로 잡아서 안 될 이유도 없습니다.

무엇보다 정말로 무한 퇴행이 불가능할까요? 역으로, 인과 고리에서 결과 방향으로 무한히 내려가는 것은 어떤가요? 더 이상 결과가 발생하지 않는 끝점이 있나요? 그렇다고 확신할 아무런 이유가 없습니다. 만약 인과 고리의 끝점이 없을 수 있다면, 시작점 역시 없을 수도 있는 것 아닐까요? 왜 원인 방향으로 무한히 올라가는 것에 대해서만 문제를 삼을까요? 최초의 원인 논증에서 무한 퇴행 불가능은 중요한 전제로 사용되지만, 그것을 뒷받침하는 근거는 전혀 제시되지 않고 있습니다. 그러나 근거가 필요 없을 정도로 이것이 당연하게 보이지는 않습니다.

마지막으로, 이 논증의 결과 우리 앞에 나타난 신은 단지 최초의 원인일 뿐입니다. 이 논증만으로는 신이 전지전능하고 지선한 유일신이라는 것을 알 수 없습니다. 애당초 증명하고자 했던 그 신이 아닌 것이지요.

완전한 존재 논증 비판

완전한 존재 논증 또한 지선이라는 속성과는 무관하게 진행되었습니다. 따라서 이 논증에 나타난 신 역시 이 토론에서 원래 다루고자 한 신이 아닙니다. 그리고 얼핏 보아도 이 논증의 설득력은 나머지

"'신'이라는 말이 우주를 지배하는 물리 법칙들을 의미한다면, 그런 의미의 신은 분명히 존재한다. 이 신은 정서적인 만족을 주지 않는다. 중력 법칙을 향해 기도한다는 것이 말이 되는가." —칼 세이건

■ 아틀란티스
대서양에 있었다고 전해
지는 전설의 대륙. 플라톤
이 『크리티아스』와 『티마
이오스』에서 처음 언급함.
포세이돈이 만든 섬으로
금과 은으로 뒤덮인 왕궁
이 있을 정도로 크게 번성
하였으나 지진과 화산폭
발로 하루 낮 하룻밤 사이
에 바다 속으로 가라앉았
다고 한다. 중세 이후 탐
험의 원동력이 되기도 했
으며 오늘날에도 이 대륙
의 실재를 증명하려는 사
람들이 있다.

둘에 비해 현저히 떨어집니다. 단 하나의 반례로도 이 논증은 무너집니다. 다음과 같은 주장은 어떨까요? "완전한 섬 아틀란티스▪는 실제로 존재합니다. 왜냐하면 실제로 존재하는 편이 그렇지 않은 편보다 더 완전하기 때문입니다." 자, 어떻습니까? 아틀란티스가 실제로 존재합니까? 아니죠? 논증의 결론은 거짓입니다. 그렇지만 조금전 논증 구조는 신이 존재한다고 주장하는 사람의 그것과 정확히 일치합니다. 따라서 완전한 존재 논증은 오류입니다.

문제는 이 논증의 어디가 잘못되었는가 하는 점인데요, 자세히 보면 '완전함'이라는 속성에 이미 '존재'가 포함되어 있음을 알 수 있습니다. 완전하다면 존재하지 않을 수 없다는 것이죠. 그러나 이런 식으로 '존재'를 속성으로 간주하게 되면, 우리가 도저히 받아들일수 없는 결론이 속출하게 됩니다. 예컨대 '삼신할머니'를 '아기를 점지해 주는, 실제로 존재하는 할머니'라고 정의할 수 있다면, 삼신할머니는 그 정의상 존재하지 않을 수 없습니다. '유니콘'은 '하나의뿔을 갖는, 실제로 존재하는 말'로, '황금 산'은 '황금으로 된, 실제로 존재하는 산'으로 정의해도 마찬가지 결론이 나옵니다. 그러나이는 명백히 우리 직관에 어긋납니다.

우주의 설계자 논증 비판

우주의 설계자 논증은 앞선 두 논증보다는 훨씬 그럴 듯합니다. 많은 사람들이 우주와 자연의 신비, 장엄, 경이, 아름다움을 통해 신의존재를 확신하게 되었다고 이야기합니다. 신이 존재한다고 주장하는 사람은 인간의 걸음걸이와 두뇌를 신의 존재 증거로 들고 있습니다. 신이라는 설계자 없이 어떻게 이렇게 정밀한 구조가 출현할 수

창조론과 비슷한 견해인 지적 설계론을 학교에서 가르치자는 주장에 항의해 '날아다니는 스파게티 괴물'이 우주를 창조했다고 비꼬는 패러디 종교 FSM의 아이콘. 미켈란젤로의 〈천지창조〉를 익살스럽게 흉내 내었다.

있었겠냐는 것이죠. 분명히 호소력이 있습니다. 문제는 애초에 유신론적 성향을 가진 사람들에게만 그러한 호소가 통한다는 것입니다. 정반대로도 얼마든지 생각할 수 있습니다. 아무리 지성적인 존재라고 해도, 그 존재 홀로 인간을 비롯한 생명체를, 지구를, 태양계를, 우리 은하를, 전체 우주를 창조할 수 있을까요? 인간과 우주가 지극히 복잡하고 정교하다는 사실이야말로 오히려 누군가의 설계가 불가능함을 말해 주는 증거라고 볼 수도 있습니다. 무신론적 성향의 사람들은 이렇게 말할 것입니다. "그러니까 자연적으로 창발■된 것이 틀림없어. 누가 만든다는 게 대체 가당키나 한 일이야?"

■ 창발
남이 모르거나 하지 아니한 것을 처음으로 또는 새롭게 밝혀내거나 이루는 일

물론 인간과 우주는 참으로 신비롭습니다. 그 신비를 밝히는 일은 과학의 몫이며 지금까지 과학은 이 일을 훌륭히 잘 해 왔습니다. 덕분에 우리는 이제 인간과 우주의 탄생에 대해서도 많은 것을 알게 되었습니다. 중요한 것은 과학의 어떤 분과에서도 신의 개입을 요구하지 않는다는 점입니다. 과학은 철저하게 신을 배제한 채, 과거를 설명하고 현재를 기술하며 미래를 예측합니다. 대폭발 이론도 이론 자체는 신과 무관합니다. 세계적인 물리학자 호킹■은 이렇게 이야기합니다. "자발적 창조야말로 무가 아니라 무엇인가가 있는 이유, 우주가 존재하는 이유, 우리가 존재하는 이유이다. 도화선에 불을 붙이고 우주의 운행을 시작하기 위해서 신에게 호소할 필요는 없다."

인간을 비롯한 생명체가 어떻게 지금의 상태로 되었는지에 대해서는 다윈■의 진화론이 잘 설명해 주고 있습니다. 진화론 또한 진화합니다. 다윈 이후에도 많은 훌륭한 과학자들이 설득력 있는 진화의 메커니즘과 근거 자료를 계속 제시하고 있습니다. 설계자 논증의 지지자들은 진화의 중간 단계를 부정하며 이렇게 이야기합니다. "인간의 눈은 설계되었음이 틀림없어. 왜냐하면 완벽하지 않은 절반의 눈은 제대로 기능하지 못하기 때문이지. 점진적 진화는 말도 안 돼." 그러나 진화생물학자 도킨스는 대답합니다. "절반의 눈은 49퍼센트 눈보다 1퍼센트 더 좋고, 49퍼센트 눈은 48퍼센트 눈보다 더 좋다." 사실은 '완벽한 눈'이란 말 자체도 성립할 수 없습니다. 진화는 지금도 끊임없이 일어나고 있기 때문입니다.

눈 이야기가 나온 김에 조금 더 말씀드리면, 인간의 눈은 완벽하기는커녕 심각한 결함을 갖고 있습니다. 차라리 오징어의 눈이 더 합리적입니다. 오징어의 눈은 시신경과 실핏줄이 망막의 뒷면에 붙어 있는 데 비해, 인간의 눈은 망막에 뚫린 구멍으로 시신경과 실핏

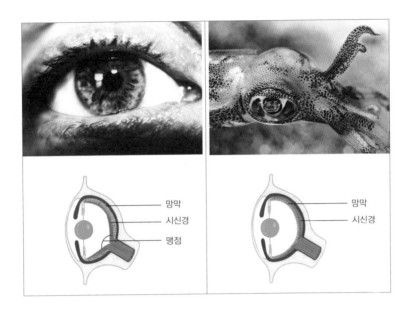

인간의 눈(왼쪽) VS 오징어의 눈(오른쪽)

줄이 들어와 망막의 내벽에 붙어 있습니다. 멀쩡한 스크린에 구멍을 뚫고 스크린의 앞면에 전선들을 지저분하게 붙여 놓은 것과 유사한 구조입니다. 이것이 바로 우리 눈에 맹점이 존재하는 이유입니다. 이런 잘못된 '설계'는 심각한 문제들을 일으킵니다. 예컨대 대단치 않은 출혈도 망막에 커다란 그림자를 만들어 심각한 시각 장애를 일으킬 수 있고, 망막 위에 존재하는 시세포들이 망막으로부터 분리되어 눈 안으로 떨어질 수도 있습니다. 우리 몸에서 불완전한 것은 눈뿐만이 아닙니다. 식도와 기도 역시 불완전합니다. 우리 몸에서 입으로 들어온 음식은 식도를 통해 위로 들어가고 코로 들어온 공기는 기도를 통해 폐로 들어가는데, 식도와 기도는 기도의 맨 위쪽에서 서로 만납니다. 음식물이 폐로 들어가는 것을 막기 위해 후두덮개가 존재하긴 하지만 기능을 제대로 못할 때가 많아 사레가 들리고, 심하면 떡이나 젤리를 먹다가 기도가 막혀 어이없게 사망하기도 하지요. 이렇게 볼 때, 설령 우주의 설계자가 있다고 하더라도 그분은 전지하거나 전능한 존재라고 할 수 없습니다. 세상은 넓고 결함 있는 사물들은 많기 때문입니다.

또한 우주의 모든 것이 설계되었다고 하더라도, 그 모든 것을 하나의 신이 설계했다는 결론이 나오는 것도 아닙니다. 모든 분야에서 가장 탁월한 한 명의 설계자가 아니라, 기계공학자와 지능형 시스템 전문가, 그 외 여러 방면의 전문가가 협력해서 인간을 설계했다고 하는 편이 우주의 설계자 논증에서 등장한 시계의 비유와도 더 잘 들어맞습니다. 시계의 모든 부품을 한 사람이 다 만드는 것은 아니니까요. 그렇다면 신은 이제 유일하지도 않습니다. 심지어 우주의 설계자 혹은 설계자들은 우주를 창조한 직후에 사망했을지도 모릅니다. 그러므로 우주의 설계 논증으로는 전지전능하고 지선한 유일신의 존재를 보일 수 없습니다. 어쩌면 날아다니는 스파게티 괴물이 우주와 인간을 창조한 것일 수도 있겠죠.

악의 문제

지금까지 신이 존재한다는 세 가지 논증들의 문제점을 반박해 보았습니다. 신 존재 문제에 대해서는 신이 존재한다고 주장하는 쪽에 입증의 책임이 있으므로, 지금까지의 반박만으로도 신이 존재하지 않음이 증명됩니다. 그러나 정말로 신이 존재하지 않는다는 것을 적극적으로 증명해 볼까요? 세상에는 악이 존재합니다. 나쁜 짓을 한 사람이 죽는 것은 나쁜 짓의 대가라고 생각할 수도 있겠지요. 하지

"무언가를 설계할 정도로 충분한 복잡성을 지닌 창조적 지성은 오직 확장되는 점진적 진화 과정의 최종 산물로 출현한 것이다." —리처드 도킨스, 『만들어진 신』에서

2011년 일본 대지진과 쓰나미로 가족을 잃은 사람의 절규

만 인류 역사를 보면 전쟁, 테러, 대학살 등으로 인해 무고한 사람들이 얼마나 많이 죽었는지 모릅니다. 예전보다 많이 줄었다고는 하나 아무런 죄도 없는 갓 태어난 아기가 돌연사하는 일도 종종 일어납니다. 지진, 홍수, 가뭄과 같은 자연재해에 때문에 고통 받는 사람들도 많은데, 이들 대부분은 자연재해에 아무런 책임도 없습니다. 신이 존재한다면 어떻게 이런 일이 있을 수 있겠습니까? 신이 존재한다면 불의와 부정부패가 넘치는 사회를 그냥 놓아 둘까요? 정의와 공정함을 구현하기 위해 더러운 것들을 모두 쓸어 없애야 하지 않을까요?

악이 존재함에도 불구하고 신이 존재하는 경우는 다음 세 가지입니다. 첫 번째는 신이 능력이 부족해서 악을 제거하지 못한 경우입니다. 두 번째는 악이 있어도 개의치 않기 때문에 그냥 내버려 둔 경우입니다. 세 번째는 악이 있는 것을 몰라서 제거하지 못한 경우입니다. 그런데 첫 번째 경우라면 신은 전능하지 않고, 두 번째 경우라면 신은 지선하지 않으며, 세 번째 경우라면 신은 전지하지 않습니다. 따라서 어느 경우건 그때의 '신'은 우리가 생각하는 의미에서의 신이 아닙니다. 요컨대 악이 존재한다면 신은 존재하지 않습니다. 그런데 세상에는 분명히 악이 존재합니다. 존재하는 정도가 아니라 너무 많아서 문제죠. 그러므로 신은 존재하지 않습니다.

입장 정하기

● 두 글에서 주장의 근거로 제시한 내용을 각각 요약해 봅시다.

● 다음 쟁점에 대하여 자신의 입장을 정하고 근거를 제시해 봅시다.

쟁점1 정교한 물건은 자연물이든 인공물이든 누군가에 의해 만들어졌다.

	그렇다	아니다
근거		

쟁점2 모든 사건에는 최초의 원인이 있어야 한다.

	그렇다	아니다
근거		

쟁점3 악이 있다는 것은 신이 존재하지 않는다는 증거이다.

	그렇다	아니다
근거		

● 자신의 원래 생각과 반대되는 입장에 서서 신을 믿는 학생은 신이 존재하지 않는다는 주장을 뒷받침하는 근거를, 신을 믿지 않는 학생은 신이 존재한다는 주장을 뒷받침하는 근거들을 찾아보세요. 주변에 목사님이나 신부님, 혹은 스님을 찾아 그분들께도 여쭤 봅시다.

착각하기 쉬운 함정

논리의 오류

오류란 좋지 않은 논증입니다. 여기서는 신 존재 증명과 관련된 몇 가지 오류들을 살펴보겠습니다. 물론 이외에도 오류의 종류는 많습니다. 각각의 오류에는 이름이 붙어 있습니다. 사람들이 흔히 범하는 오류들을 정리해서 기억해 두면 글을 쓰거나 발표를 하고 시험 준비를 할 때 큰 도움이 됩니다. 그러나 정리나 암기에 앞서, 오류에서 어디가 왜 잘못인지 확실하게 이해하는 것이 더 중요하겠지요?

선결문제 요구의 오류 (순환 논증)

논증에서 제시되는 근거는 상대방도 받아들일 수 있어야 한다. 그래야 상대방을 설득할 수 있다. 논란이 되는 것을 근거로 삼는 논증은 좋지 않은 논증이다. 따라서 입증해야 할 주장을 근거로 가져다 쓰는 논증은 좋지 않은 논증이다. 이러한 논증을 '선결문제 요구의 오류'라고 한다. 중국어 방 논증이 선결문제 요구의 오류를 범하고 있다고 말하는 경우, 중국어 방 논증의 전제는 컴퓨터에 이해나 의미가 존재하지 않는다는 것인데 그 전제 자체가 바로 토론 주제임을 지적하는 것이다.

근거가 주장과 똑같거나 거의 같을 때는 특별히 '순환 논증'이라고 부른다. 신 존재를 증명할 때 "하느님은 있어. 성경에 그렇게 기록되어 있고 성경은 하느님의 말씀이기 때문이지."라고 말한다면 이것은 오류이다. 논증의 전제 중 하나는 성경이 하느님의 말씀이라는 것인데, 이 전제가 이미 하느님이 있다는 것을 가정하고 있다. 따라서 하느님이 있다는 것은 논증의 숨은 전제이자 결론이다.

무지에의 호소 오류

"신이 존재하지 않는다는 것이 증명되지 않았다. 그러므로 신은 존재한다."는 논증과 "신이 존재한다는 것이 증명되지 않았다. 그러므로 신은 존재하지 않는다."는 논증의 구조는 똑같다. 둘 다 증명되지 않았음을 근거로 들고 있다.

이런 식의 논증을 '무지에의 호소'라고 한다. 그런데 어떤 것이 참 또는 거짓이라는 것을 모른다고 해서 바로 거짓 또는 참이 되는 것은 아니다. 참인지 거짓인지 알 수 없을 따름이다. 그렇다면 위 두 논증은 똑같이 오류일까?

입증의 책임이 어느 쪽에 있는지에 따라 무지에의 호소는 오류일 수도 있고 아닐 수도 있다. 오늘날 형사재판에서 입증의 책임은 검사에게 있다. 피의자에겐 묵비권이 인정된다. 검사가 피의자의 범죄 사실을 입증하지 못했기에 피의자는 무죄라는 논증은 오류가 아니다. 물론 사실은 피의자가 진범일 수도 있다. 이 경우 무죄판결은 틀린 판결이나, 그렇다 해도 판결을 이끌어 낸 과정, 즉 무지에의 호소 자체는 잘못된 논증이라고 볼 수 없다. 오늘날 법의 기본 원칙은 열 명의 진범을 놓치더라도 한 명의 억울한 사람을 만들지 말자는 것이기 때문이다. 예전에는 달랐다. 서양 중세에 마녀로 지목된 사람은 스스로 마녀가 아님을 입증해야만 했다. 조선 시대의 게으른 수령은 "네 죄를 네가 알렷다! 여봐라, 저 자를 매우 쳐라!" 하면 그만이었다. 결백을 입증하는 것은 피의자의 몫이었다. 현대인의 상식으로는 신이 존재한다고 주장하는 사람에게 입증의 책임이 있다. 그러므로 신이 존재한다고 주장하는 쪽은 무지에 호소하면 오류를 저지르지만, 신이 존재하지 않는다고 주장하는 쪽은 무지에 호소해도 오류는 아니다

공포심에의 호소 오류

공포심에 호소하는 논증은 상대방에게 무서운 감정을 갖도록 해서 어떤 주장을 받아들이게 하는 논증이다. 생각열기에서 소개한 오일러의 논증은 상대방인 디드로의 수학 공포증에 호소하고 있다. 이 논증은 오류다. 신의 존재 유무라는 논점과 수학 공포증은 아무 관련이 없기 때문이다. 길거리나 지하철에서 흔히 접하게 되는 "예수 천국, 불신 지옥!"도 마찬가지다. 이렇게 외치는 사람들은 왜 예수 천국, 불신 지옥인지에 대해 공포심 외에 아무런 다른 근거를 제시하지 않는다. 그러나 이 경우 공포심은 그 주장의 옳고 그름과는 상관이 없다. 듣는 사람들도 워낙 면역이 되어 있어 실제로 공포심을 느낄지도 의문스럽다.

생각을 발견하는 토론학교 철학

초판 1쇄 펴낸날 2011년 5월 20일
초판 13쇄 펴낸날 2023년 2월 24일

지은이	최훈 박의준
펴낸이	홍지연

기획	김주환
일러스트	이지은
편집	홍소연 고영완 이태화 전희선 조어진 서경민
디자인기획	민진기디자인
디자인	권수아 박태연 박해연
마케팅	강점원 최은 신종연
경영지원	정상희 곽해림

펴낸곳	㈜우리학교
등록	제313-2009-26호(2009년 1월 5일)
주소	04029 서울시 마포구 동교로12안길 8
전화	02-6012-6094
팩스	02-6012-6092
전자우편	woorischool@naver.com

ⓒ 최훈 박의준

ISBN 978-89-94103-19-8 44100
      978-89-94103-11-2 (세트)